心一堂術數古籍珍本叢刊

書名：玄空真解入門要訣
系列：心一堂術數古籍珍本叢刊　堪輿類　第三輯　338
作者：【民國】劉相樵
主編、責任編輯：陳劍聰
心一堂術數古籍珍本叢刊編校小組：陳劍聰　素聞　鄒偉才　虛白盧主　丁鑫華

出版：心一堂有限公司
通訊地址：香港九龍旺角彌敦道六一〇號荷李活商業中心十八樓〇五—〇六室
深港讀者服務中心‧中國深圳市羅湖區立新路六號羅湖商業大厦負一層〇〇八室
電話號碼：(852)9027-7110
網址：publish.sunyata.cc
電郵：sunyatabook@gmail.com
網店：http://book.sunyata.cc
淘寶店地址：https://sunyata.taobao.com
微店地址：https://weidian.com/s/1212826297
臉書：https://www.facebook.com/sunyatabook
讀者論壇：http://bbs.sunyata.cc/

版次：二零二一年四月初版
平裝

定價：港幣　一百二十八元正
新台幣　五百五十元正

國際書號：ISBN 978-988-8583-77-5

香港發行：香港聯合書刊物流有限公司
地址：香港新界荃灣德士古道二二〇—二四八號荃灣工業中心十六樓
電話號碼：(852)2150-2100
傳真號碼：(852)2407-3062
電郵：info@suplogistics.com.hk
網址：http://www.suplogistics.com.hk

台灣發行：秀威資訊科技股份有限公司
地址：台灣台北市內湖區瑞光路七十六巷六十五號一樓
電話號碼：+886-2-2796-3638
傳真號碼：+886-2-2796-1377
網絡書店：www.bodbooks.com.tw
台灣秀威書店讀者服務中心：
地址：台灣台北市中山區松江路二〇九號一樓
電話號碼：+886-2-2518-0207
傳真號碼：+886-2-2518-0778
網絡書店：http://www.govbooks.com.tw

中國大陸發行　零售：深圳心一堂文化傳播有限公司
深圳地址：深圳市羅湖區立新路六號羅湖商業大厦負一層〇〇八室
電話號碼：(86)0755-82224934

心一堂微店二維碼

心一堂淘寶店二維碼

心一堂術數古籍 珍本 整理 叢刊 總序

術數定義

術數，大概可謂以「推算（推演）、預測人（個人、群體、國家等）、事、物、自然現象、時間、空間方位等規律及氣數，並或通過種種『方術』，從而達致趨吉避凶或某種特定目的」之知識體系和方法。

術數類別

我國術數的內容類別，歷代不盡相同，例如《漢書·藝文志》中載，漢代術數有六類：天文、曆譜、五行、蓍龜、雜占、形法。至清代《四庫全書》，術數類則有：數學、占候、相宅相墓、占卜、命書、相書、陰陽五行、雜技術等，其他如《後漢書·方術部》、《藝文類聚·方術部》、《太平御覽·方術部》等，對於術數的分類，皆有差異。古代多把天文、曆譜、及部分數學均歸入術數類，而民間流行亦視傳統醫學作為術數的一環；此外，有些術數與宗教中的方術亦往往難以分開。現代民間則常將各種術數歸納為五大類別：命、卜、相、醫、山，通稱「五術」。

本叢刊在《四庫全書》的分類基礎上，將術數分為九大類別：占筮、星命、相術、堪輿、選擇、三式、讖諱、理數（陰陽五行）、雜術（其他）。而未收天文、曆譜、算術、宗教方術、醫學。

術數思想與發展——從術到學，乃至合道

我國術數是由上古的占星、卜筮、形法等術發展下來的。其中卜筮之術，是歷經夏商周三代而通過「龜卜、蓍筮」得出卜（筮）辭的一種預測（吉凶成敗）術，之後歸納並結集成書，此即現傳之《易

經》。經過春秋戰國至秦漢之際，受到當時諸子百家的影響、儒家的推崇，遂有《易傳》等的出現，原本是卜筮術書的《易經》，被提升及解讀成有包涵「天地之道（理）」之學。因此，《易．繫辭傳》曰：「易與天地準，故能彌綸天地之道。」

漢代以後，易學中的陰陽學說，與五行、九宮、干支、氣運、災變、律曆、卦氣、讖緯、天人感應說等相結合，形成易學中象數系統。而其他原與《易經》本來沒有關係的術數，如占星、形法、選擇，亦漸漸以易理（象數學說）為依歸。《四庫全書．易類小序》云：「術數之興，多在秦漢以後。要其旨，不出乎陰陽五行，生尅制化。實皆《易》之支派，傅以雜說耳。」至此，術數可謂已由「術」發展成「學」。

及至宋代，術數理論與理學中的河圖洛書、太極圖、邵雍先天之學及皇極經世等學說給合，通過術數以演繹理學中「天地中有一太極，萬物中各有一太極」（《朱子語類》）的思想。術數理論不單已發展至十分成熟，而且也從其學理中衍生一些新的方法或理論，如《梅花易數》、《河洛理數》等。

在傳統上，術數功能往往不止於僅僅作為趨吉避凶的方術，及「能彌綸天地之道」的學問，亦有其「修心養性」的功能，「與道合一」（修道）的內涵。《素問．上古天真論》：「上古之人，其知道者，法於陰陽，和於術數。」數之意義，不單是外在的算數、歷數、氣數，而是與理學中同等的「道」、「理」--心性的功能，北宋理氣家邵雍對此多有發揮：「聖人之心，是亦數也」、「萬化萬事生乎心」、「心為太極」。《觀物外篇》：「先天之學，心法也。……蓋天地萬物之理，盡在其中矣，心一而不分，則能應萬物。」反過來說，宋代的術數理論，受到當時理學、佛道及宋易影響，認為心性本質上是等同天地之太極。天地萬物氣數規律，能通過內觀自心而有所感知，即是內心也已具備有術數的推演及預測、感知能力；相傳是邵雍所創之《梅花易數》，便是在這樣的背景下誕生。

《易．文言傳》已有「積善之家，必有餘慶；積不善之家，必有餘殃」之說，至漢代流行的災變說及讖緯說，我國數千年來都認為天災，異常天象（自然現象），皆與一國或一地的施政者失德有關；下至家族、個人之盛衰，也都與一族一人之德行修養有關。因此，我國術數中除了吉凶盛衰理數之外，人心的德行修養，也是趨吉避凶的一個關鍵因素。

術數與宗教、修道

在這種思想之下，我國術數不單只是附屬於巫術或宗教行為的方術，又往往是一種宗教的修煉手段--通過術數，以知陰陽，乃至合陰陽（道）。「其知道者，法於陰陽，和於術數。」例如，「奇門遁甲」術中，即分為「術奇門」與「法奇門」兩大類。「法奇門」中有大量道教中符籙、手印、存想、內煉的內容，是道教內丹外法的一種重要外法修煉體系。甚至在雷法一系的修煉上，亦大量應用了術數內容。此外，相術、堪輿術中也有修煉望氣（氣的形狀、顏色）的方法；堪輿家除了選擇陰陽宅之吉凶外，也有道教中選擇適合修道環境（法、財、侶、地中的地）的方法，以至通過堪輿術觀察天地山川陰陽之氣，亦成為領悟陰陽金丹大道的一途。

易學體系以外的術數與的少數民族的術數

我國術數中，也有不用或不全用易理作為其理論依據的，如揚雄的《太玄》、司馬光的《潛虛》。也有一些占卜法、雜術不屬於《易經》系統，不過對後世影響較少而已。

外來宗教及少數民族中也有不少雖受漢文化影響（如陰陽、五行、二十八宿等學說。）但仍自成系統的術數，如古代的西夏、突厥、吐魯番等占卜及星占術，藏族中有多種藏傳佛教占卜術、苯教占卜術、擇吉術、推命術、相術等；北方少數民族有薩滿教占卜術；不少少數民族如水族、白族、布朗族、佤族、彝族、苗族等，皆有占雞（卦）草卜、雞蛋卜等術，納西族的占星術、占卜術，彝族畢摩的推命術、占卜術……等等，都是屬於《易經》體系以外的術數。相對上，外國傳入的術數以及其理論，對我國術數影響更大。

曆法、推步術與外來術數的影響

我國的術數與曆法的關係非常緊密。早期的術數中，很多是利用星宿或星宿組合的位置（如某星在某州或某宮某度）付予某種吉凶意義，并據之以推演，例如歲星（木星）、月將（某月太陽所躔之宮次）等。不過，由於不同的古代曆法推步的誤差及歲差的問題，若干年後，其術數所用之星辰的位置，已與真實星辰的位置不一樣了；此如歲星（木星），早期的曆法及術數以十二年為一周期（以應地支），與木星真實周期十一點八六年，每幾十年便錯一宮。後來術家又設一「太歲」的假想星體來解決，是歲星運行的相反，週期亦剛好是十二年。而術數中的神煞，很多即是根據太歲的位置而定。又如六壬術中的「月將」，原是立春節氣後太陽躔娵訾之次而稱作「登明亥將」，至宋代，因歲差的關係，要到雨水節氣後太陽才躔娵訾之次，當時沈括提出了修正，但明清時六壬術中「月將」仍然沿用宋代沈括修正的起法沒有再修正。

由於以真實星象周期的推步術是非常繁複，而且古代星象推步術本身亦有不少誤差，大多數術數除依曆書保留了太陽（節氣）、太陰（月相）的簡單宮次計算外，漸漸形成根據干支、日月等的各自起例，以起出其他具有不同含義的眾多假想星象及神煞系統。唐宋以後，我國絕大部分術數都主要沿用這一系統，也出現了不少完全脫離真實星象的術數，如《子平術》、《紫微斗數》、《鐵版神數》等。後來就連一些利用真實星辰位置的術數，如《七政四餘術》及選擇法中的《天星選擇》，也已與假想星象及神煞混合而使用了。

隨着古代外國曆（推步）、術數的傳入，如唐代傳入的印度曆法及術數，元代傳入的回回曆等，其中我國占星術便吸收了印度占星術中羅睺星、計都星等而形成四餘星，又通過阿拉伯占星術而吸收了其中來自希臘、巴比倫占星術的黃道十二宮、四大（四元素）學說（地、水、火、風），並與我國傳統的二十八宿、五行說、神煞系統並存而形成《七政四餘術》。此外，一些術數中的北斗星名，不用我國傳統的星名：天樞、天璇、天璣、天權、玉衡、開陽、搖光，而是使用來自印度梵文所譯的：貪狼、巨門、祿存、文曲，廉貞、武曲、破軍等，此明顯是受到唐代從印度傳入的曆法及占星術所影響。如星命術中的《紫微斗數》及堪輿術中的《撼龍經》等文獻中，其星皆用印度譯名。及至清初《時憲曆》，置閏之法則改用西法「定氣」。清代以後的術數，又作過不少的調整。

此外，我國相術中的面相術、手相術，唐宋之際受印度相術影響頗大，至民國初年，又通過翻譯歐西、日本的相術書籍而大量吸收歐西相術的內容，形成了現代我國坊間流行的新式相術。

陰陽學——術數在古代、官方管理及外國的影響

術數在古代社會中一直扮演着一個非常重要的角色，影響層面不單只是某一階層、某一職業、某一年齡的人，而是上自帝王，下至普通百姓，從出生到死亡，不論是生活上的小事如洗髮、出行等，大事如建房、入伙、出兵等，從個人、家族以至國家，從天文、氣象、地理到人事、軍事，從民俗、學術到宗教，都離不開術數的應用。我國最晚在唐代開始，已把以上術數之學，稱作陰陽（學），行術數者稱陰陽人。（敦煌文書、斯四三二七唐《師師漫語話》：「以下說陰陽人謾語話」，此說法後來傳入日本，今日本人稱行術數者為「陰陽師」）。一直到了清末，欽天監中負責陰陽術數的官員中，以及民間術數之士，仍名陰陽生。

古代政府的中欽天監（司天監），除了負責天文、曆法、輿地之外，亦精通其他如星占、選擇、堪輿等術數，除在皇室人員及朝庭中應用外，也定期頒行日書、修定術數，使民間對於天文、日曆用事吉凶及使用其他術數時，有所依從。

我國古代政府對官方及民間陰陽學及陰陽官員，從其內容、人員的選拔、培訓、認證、考核、律法監管等，都有制度。至明清兩代，其制度更為完善、嚴格。

宋代官學之中，課程中已有陰陽學及其考試的內容。（宋徽宗崇寧三年〔一一零四年〕崇寧算學令：「諸學生習……並曆算、三式、天文書。」「諸試……三式即射覆及預占三日陰陽風雨。天文即預

定一月或一季分野災祥，並以依經備草合問為通。」

金代司天臺，從民間「草澤人」（即民間習術數人士）考試選拔：「其試之制，以《宣明曆》試推步，及《婚書》、《地理新書》試合婚、安葬，並《易》筮法，六壬課、三命、五星之術。」（《金史》卷五十一・志第三十二・選舉一）

元代為進一步加強官方陰陽學對民間的影響、管理、控制及培育，除沿襲宋代、金代在司天監掌管陰陽學及中央的官學陰陽學課程之外，更在地方上增設陰陽學課程（《元史・選舉志一》：「世祖至元二十八年夏六月始置諸路陰陽學。」）地方上也設陰陽學教授員，培育及管轄地方陰陽人。（《元史・選舉志一》：「（元仁宗）延祐初，令陰陽人依儒醫例，於路、府、州設教授員，凡陰陽人皆管轄之，而上屬於太史焉。」）自此，民間的陰陽術士（陰陽人），被納入官方的管轄之下。

至明清兩代，陰陽學制度更為完善。中央欽天監掌管陰陽學，明代地方縣設陰陽學正術，各州設陰陽學典術，各縣設陰陽學訓術。陰陽人從地方陰陽學肄業或被選拔出來後，再送到欽天監考試。（《大明會典》卷二二三：「凡天下府州縣舉到陰陽人堪任正術等官者，俱從吏部送（欽天監），考中，送回選用；不中者發回原籍為民，原保官吏治罪。」）清代大致沿用明制，凡陰陽術數之流，悉歸中央欽天監及地方陰陽官員管理、培訓、認證。至今尚有「紹興府陰陽印」、「東光縣陰陽學記」等明代銅印，及某某縣某某之清代陰陽執照等傳世。

清代欽天監漏刻科對官員要求甚為嚴格。《大清會典》「國子監」規定：「凡算學之教，設肄業生。滿洲十有二人，蒙古、漢軍各六人，於各旗官學內考取。漢十有二人，於舉人、貢監生童內考取。附學生二十四人，由欽天監選送。教以天文演算法諸書，五年學業有成，舉人引見以欽天監博士用，貢監生童以天文生補用。」學生在官學肄業、貢監生肄業或考得舉人後，經過了五年對天文、算法、陰陽學的學習，其中精通陰陽術數者，會送往漏刻科。而在欽天監供職的官員，《大清會典則例》「欽天監」規定：「本監官生三年考核一次，術業精通者，保題升用。不及者，停其升轉，再加學習。如能黽勉供職，即予開復。仍不及者，降職一等，再令學習三年，能習熟者，准予開復，仍不能者，黜退。」除定期考核以定其升用降職外，《大清律例》中對陰陽術士不準確的推斷（妄言禍福）是要治罪的。《大清律例·一七八·術七·妄言禍福》：「凡陰陽術士，不許於大小文武官員之家妄言禍福，違者杖一百。其依經推算星命卜課，不在禁限。」大小文武官員延請的陰陽術士，自然是以欽天監漏刻科官員或地方陰陽官員為主。

官方陰陽學制度也影響鄰國如朝鮮、日本、越南等地，一直到了民國時期，鄰國仍然沿用着我國的多種術數。而我國的漢族術數，在古代甚至影響遍及西夏、突厥、吐蕃、阿拉伯、印度、東南亞諸國。

術數研究

術數在我國古代社會雖然影響深遠，「是傳統中國理念中的一門科學，從傳統的陰陽、五行、九宮、八卦、河圖、洛書等觀念作大自然的研究。……傳統中國的天文學、數學、煉丹術等，要到上世紀中葉始受世界學者肯定。可是，術數還未受到應得的注意。術數在傳統中國科技史、思想史，文化史、社會史，甚至軍事史都有一定的影響。……更進一步了解術數，我們將更能了解中國歷史的全貌。」（何丙郁《術數、天文與醫學中國科技史的新視野》，香港城市大學中國文化中心。）

可是術數至今一直不受正統學界所重視，加上術家藏秘自珍，又揚言天機不可洩漏，「（術數）乃吾國科學與哲學融貫而成一種學說，數千年來傳衍嬗變，或隱或現，全賴一二有心人為之繼續維繫，賴以不絕，其中確有學術上研究之價值，非徒癡人說夢，荒誕不經之謂也。其所以至今不能在科學中成立一種地位者，實有數因。蓋古代士大夫階級目醫卜星相為九流之學，多恥道之；而發明諸大師又故為惝恍迷離之辭，以待後人探索；間有一二賢者有所發明，亦秘莫如深，既恐洩天地之秘，復恐譏為旁門左道，始終不肯公開研究，成立一有系統說明之書籍，貽之後世。故居今日而欲研究此種學術，實一極困難之事。」（民國徐樂吾《子平真詮評註》，方重審序）

現存的術數古籍，除極少數是唐、宋、元的版本外，絕大多數是明、清兩代的版本。其內容也主要是明、清兩代流行的術數，唐宋或以前的術數及其書籍，大部分均已失傳，只能從史料記載、出土文獻、敦煌遺書中稍窺一鱗半爪。

術數版本

坊間術數古籍版本，大多是晚清書坊之翻刻本及民國書賈之重排本，其中豕亥魚魯，或任意增刪，往往文意全非，以至不能卒讀。現今不論是術數愛好者，還是民俗、史學、社會、文化、版本等學術研究者，要想得一常見術數書籍的善本、原版，已經非常困難，更遑論如稿本、鈔本、孤本等珍稀版本。在文獻不足及缺乏善本的情況下，要想對術數的源流、理法、及其影響，作全面深入的研究，幾不可能。

有見及此，本叢刊編校小組經多年努力及多方協助，在海內外搜羅了二十世紀六十年代以前漢文為主的術數類善本、珍本、鈔本、孤本、稿本、批校本等數百種，精選出其中最佳版本，分別輯入兩個系列：

一、心一堂術數古籍珍本叢刊

二、心一堂術數古籍整理叢刊

前者以最新數碼（數位）技術清理、修復珍本原本的版面，更正明顯的錯訛，部分善本更以原色彩色精印，務求更勝原本。并以每百多種珍本、一百二十冊為一輯，分輯出版，以饗讀者。

後者延請、稿約有關專家、學者，以善本、珍本等作底本，參以其他版本，古籍進行審定、校勘、注釋，務求打造一最善版本，方便現代人閱讀、理解、研究等之用。

限於編校小組的水平，版本選擇及考證、文字修正、提要內容等方面，恐有疏漏及舛誤之處，懇請方家不吝指正。

心一堂術數古籍 珍本 整理 叢刊編校小組

二零零九年七月序

二零一四年九月第三次修訂

玄空真解
入門要訣

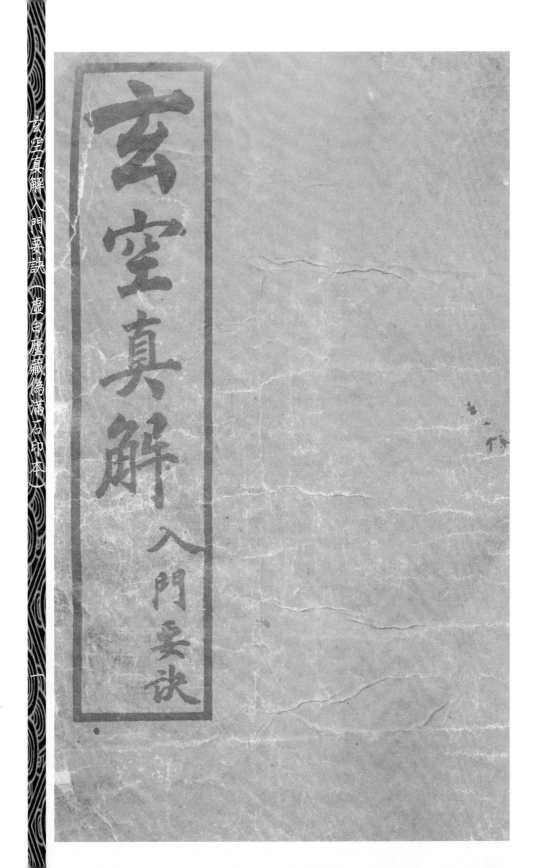

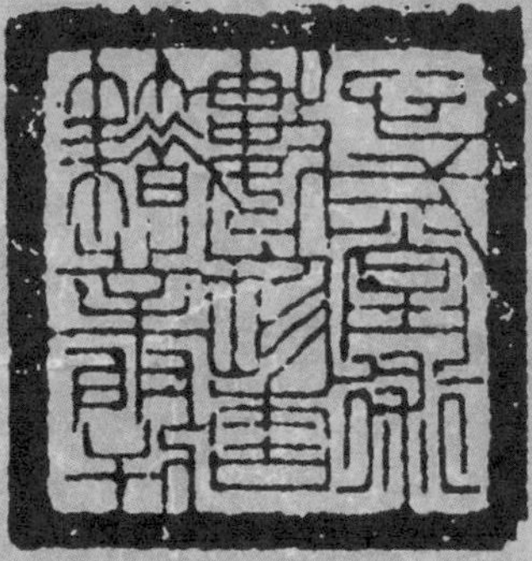

序

地理之書兼陰陽宅兆而言也其術原於黃帝陰符而通乎三易故張鏡心曰陰符綜其持三易綜其变考陰符凡三百言百言演道百言演法百言演術地理之學固術也然非知道之士不能窺陰陽之奧以通造化之微故風水衰旺悉有明徵亦人生不可廢之事也乃拘墟之輩往往以為玄渺概置不信是亦過矣然吾鄉地師大半奔馳不文求其即陰陽法家之形而知法來原反之故庸有當乎予甯任拘墟之陋而不敢忽此輩之所為蓋此術之無嫡傳久矣自壬子季秋予罷官歸隱寓津門即閉靜游文之外於精地學与醫予素不知地理但頗留心醫術每思仿知醫之士與質靈素之疑又癸丑春因診

虛白廬藏

張星樣大全中風病瞽於亞妙旅館讀醫之暇因及地學又元即以所著
陽宅覺見惠予幸卒讀之凡三十一章先之以明義次之以正誤所謂大夢
癡呼而醒之驚覺者也其曰天地只一理陰陽無二氣地學原只一途
而後人歧而二之已不合地學之旨矣久之乃問其傳自何人本之何書
云陽宅之書夥矣其在予書以宅經名者卅有五種依傳之者更無足論
他如宅錦宅統宅鏡等雖所言亦無可取然本非託道者之文莫書
自青囊經葬經以後至唐有楊曾所傳天玉寶照奧語青囊序
等篇其文詞渾括莫詳用法後世注家强作解人卒未識匡廬真
面目蔣氏大鴻以方外之傳作地理辨正始以古書真諦而傍託蔣氏者
又羣然蜂起造作偽書先後不下數十種咸稱得蔣氏真傳其實皆

蔣氏譬喻也。嚴從張子續存為之疏，於是犀照獨然，燃光自息矣。其中奧義，仍不願盡以示人，而學者終難領悟。大抵傳道之書注剖而不發，留些須以俟其人之自悟，恐一落言詮而洩漏天機，反滯而不宣。所謂性與天道，不可得聞於斯也。予曰：先生既以陽宅覺世，而吝於不傳術，以地學不可謂究，即論覺世之心，亦有所未盡，乃常念吾鄉執偽術以誤人，何不速作闡微之書駁之，使覺也。先生甚韙予言，於丁巳間居里門，遂取辨正疏、歸厚錄、天元歌，批論之者撥其秘，又合自著四圖圖語、陽宅覺世，共為五種，凡十二卷。書成，見示於予，乃為序其事，書於簡端。時

民國戊午秋八月如弟劉榮黻亞平氏拜撰

自叙

自地學失傳歧途百出各執師說互肆詆排然求一能合於道者卒鮮越有蔣大鴻氏毅然以道自任作地理辨正欲以正地學之歧初不意地學之歧乃由是益甚也辨正書出一時之讀辨正者遂各呈臆説爭相著書大率皆以蔣文之謎語視為確鑿之寔言撮空掠影以為言附會支離以造法雖人各異詞要之就後天八卦起三元以挨九星指二十四山論夫婦以較衰旺則一也凡此之輩皆假蔣氏之名自高其術遂藐視乎三合諸家而不知三合諸家雖失嫡傳猶能遵守古人之分金以避雜氣以視伊等之悖道而馳則遠勝也張子綺石洞見其弊在誤於辨正之謎語乃作疏以發明之直將六十四卦顯列盤中一掃二十四山假借之弊是不但能救辨正之歧途且能消盡地學中百種之

歧途誠如夜遊遇燭久雨逢晴大道真銓將於茲遽顯誠千古大快事也余於
癸酉之春聞中州高峪菴言始知有是書乃徧購之不能得秋試至都覓得舊
帙日夜研究九終年不輟既粗知其梗概終不得其要領蓋緣張疏雖詳解卦畫
輾言卦理而於入用之法收龍之訣未嘗示以旨歸出一確論反令讀者恍惚
迷茫無從着手於是廣採周易講義並京房王弼魏伯陽之書始知易卦本根
在圖書太數宇宙之間無非此數之對待流行以演成世界之盛衰興廢其盛
衰興廢又總攝於中五之中持此義以驗之墓宅證於天時然後恍然於辨正
所謂三元九運衰旺生死皆此對待流行者動靜屈伸往來感應之機自然之
流露也而其要則在乎太極之立極夫太極非能自立其極寔由對待流行往
來交錯相織而成故隨處可求太極即隨處可見太極之八方苟得此極則八

方之對待流行者自然拱衛乎此極而咸為之用惟貴乎善察其机以乘之巧合乎時以應之耳嗚呼苟非張子吾何由得其門而窺其奧哉近今辨正疏一書已徧行於世習之者日衆嘗見有持六十四卦羅經為人卜葬居者竟顛倒其衰旺盲昧乎山平噫是又誤於張子之疏者矣張子慨蔣作辨正之誤人於前明道反以晦道故作疏以救之作疏救之乃又誤人於後張子有知殊恨事也吾不忍袖手於旁蓋已久矣丁已之夏家居無事爰取辨正疏全書逐節批論凡蔣之所不肯言與張之雖言而未盡者無不顯露言之以發其秘然皆遠考古人近證師友驗之墓宅毫無疑義且俾蔣注原文言外之意恰與脗合者方敢振筆直言以告天下未嘗稍有臆斷也外又有歸厚錄及天元五歌皆蔣着真本頗能輔翼辨正疏之不及故亦詳加批論合為一編地學於此庶幾無餘蘊矣第

恐淺學未能遽喻也因並取拙作幽圖語陽宅覺附於後共成五種爰名之曰棣華堂地學五種非敢謂有裨於道庶有志是道者隨造詣之淺深由是各得入門之路不至復誤於歧途以成悖道禍人之術則寸心慰矣遑遑百載蔣張兩君子之心其亦相與共慰也乎時民國夏歷戊午秋八月靜海元祝垚暸農甫叙於津門客次

是書為地學真種子先賢口口相傳不肯顯告於世吾師作此書盡將其中奥義闡發無遺令人一見能解惟初學入門苟不知讀法則開卷仍覺茫然無從入手將以極為明顯之書反視為幽遠之論殊負吾師示教之苦心矣繼先元亮知此之弊爰作讀法二則以告同志

一讀是書須將書中所載卦圖辨清為入手頭一層功夫

先將六十四卦卦序歌讀熟　次再將伏羲大小橫圖看清以知六十四卦之所由來　次再看伏羲小圓圖以知乾兌離震陽儀四卦從右向左排巽坎艮坤陰儀四卦從左向右排　再看伏羲大圓圖以知乾兌離震四宮從右向左排得陽儀三十二卦巽坎艮坤四宮從左向右排得陰儀三十二卦而各卦相對皆成夫婦此即羅經所列六十四卦之式　再次看河圖洛書之數以知河圖之一六共宗二七同道三八為朋四九為友共路夫婦之義以知洛書一對九二對八三對七四對六對待夫婦之義　次再看先天八卦配洛書之圖而知坤一乾九巽二震八離三坎七兌四艮六之數　次看九星配九宮之圖而知上中下三元運數　次再看八盤九

運之圖而知某卦屬某運　次再看十六父母各生六子之畫而知各卦之胎元　次再看坤壬乙等八圖而知用卦須取輔運之故　次再看卦反爻反八圖而知用法之活變　次再看羅經圖而知某圈係何用之故

如能辨清書中各圖再讀是書如破竹之勢矣

一讀是書須由淺入深必須先讀陽宅覺務將全書翻來覆去讀十餘過自能漸漸通曉既曉陽宅看法則陰宅即可入門然後再看囫圇語天元歌歸厚錄最后再看青囊經青囊序奧語天玉寶照等篇則可入於微妙之域矣

受業武清周繼先遠齋氏
天津陳元亮康侯氏　同參謹記

八宮卦序歌

乾為天 澤天夬 火天大有 雷天大壯 風天小畜 水天需 山天大畜 地天泰
天澤履 兌為澤 火澤睽 雷澤歸妹 風澤中孚 水澤節 山澤損 地澤臨
天火同人 澤火革 離為火 雷火豐 風火家人 水火既濟 山火賁 地火明夷
天雷无妄 澤雷隨 火雷噬嗑 震為雷 風雷益 水雷屯 山雷頤 地雷復
天風姤 澤風大過 火風鼎 雷風恒 巽為風 水風井 山風蠱 地風升
天水訟 澤水困 火水未濟 雷水解 風水渙 坎為水 山水蒙 地水師
天山遯 澤山咸 火山旅 雷山小過 風山漸 水山蹇 艮為山 地山謙
天地否 澤地萃 火地晉 雷地豫 風地觀 水地比 山地剝 坤為地

自序

地學之書汗牛充棟竟使世人無所適從不知孰為正法任憑俗師偽術禍人受其害者不知凡幾良可慨也直隸靜海又元子先生為近世地學名家所著棣華堂地學五種中有陽宅覺圖圖語及批論青囊經青囊序奧語天玉經寶照經天元五歌歸厚錄等書施之陰陽二宅無不百試百驗按之大玄空皆能一一符合由是可證地學之書惟大玄空法為真正

嫡傳也奈此書雖经出板因時局關係其板久已不
存無從購覓吾鄉學者每興望洋之歎僕有鑒於此
爰集同志出家藏本先將陽宅覺囫圇語及邑人劉
子湘樵所擬成格並入門捷訣合成一編分上中下
三卷名曰玄空真解付諸石印以公同好庶亦地學
之補助云爾時
大同二年歲次癸酉秋九月古懷德碧蓮子張振采
鳳九氏序於白雲書室

乾(兌)→金．震(巽)→木．坤(艮)→土．離→火．坎→水

注：单属阳(○)
　　双属阴(●)

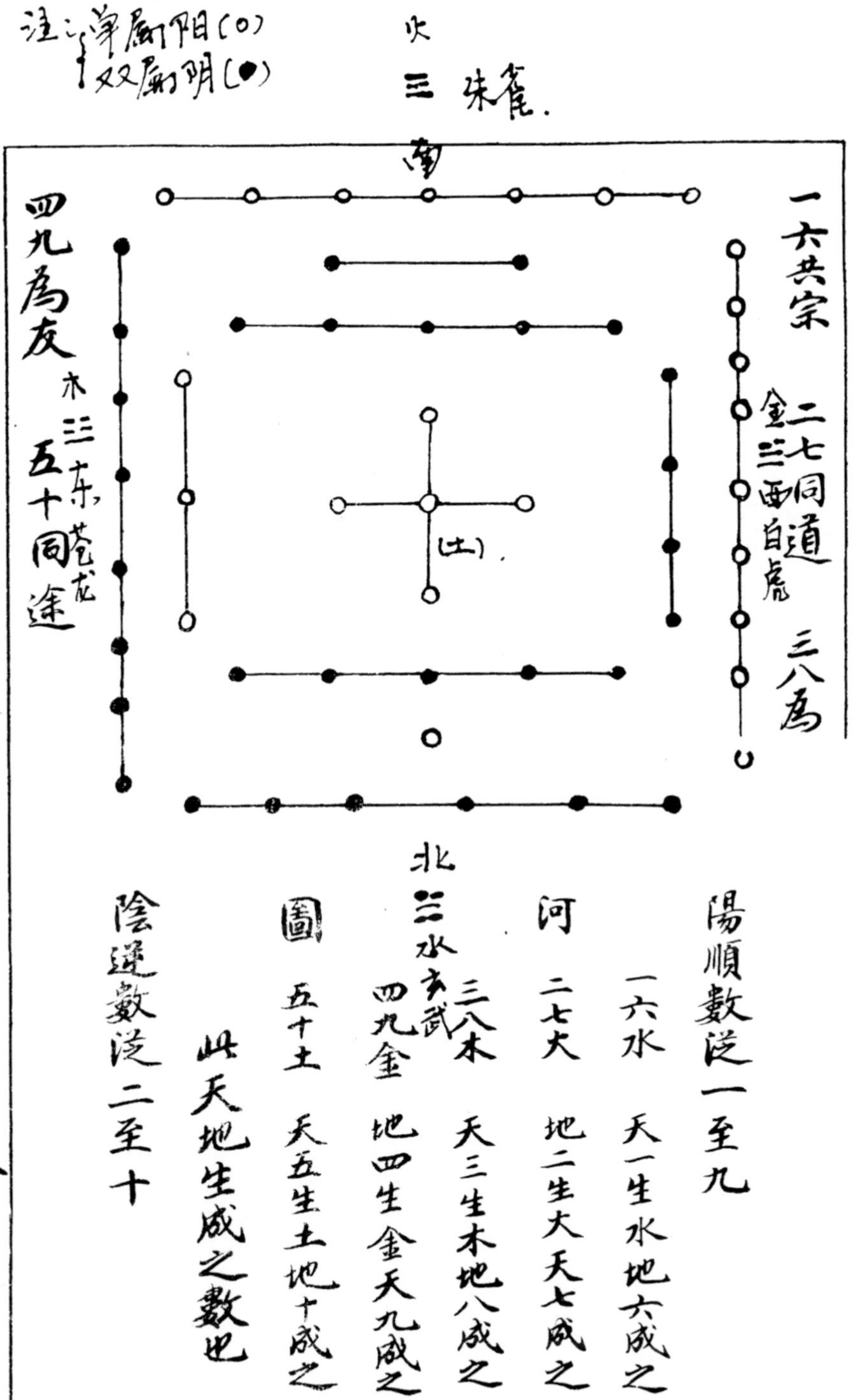

河圖

陽順數從一至九

一六水　天一生水地六成之

二七火　地二生火天七成之

三八木　天三生木地八成之

四九金　地四生金天九成之

五十土　天五生土地十成之

此天地生成之數也

陰逆數從二至十

周易本義云伏羲畫其說出邵氏蓋邵氏得之李之才挺之挺之得之穆修伯長伯長得之華山希夷先生陳摶圖南者所謂先天之學也此圖圓布者乾盡午中坤盡子中離盡卯中坎盡酉中陽生於子中極於午中陰生於午中極於子中其陽在南

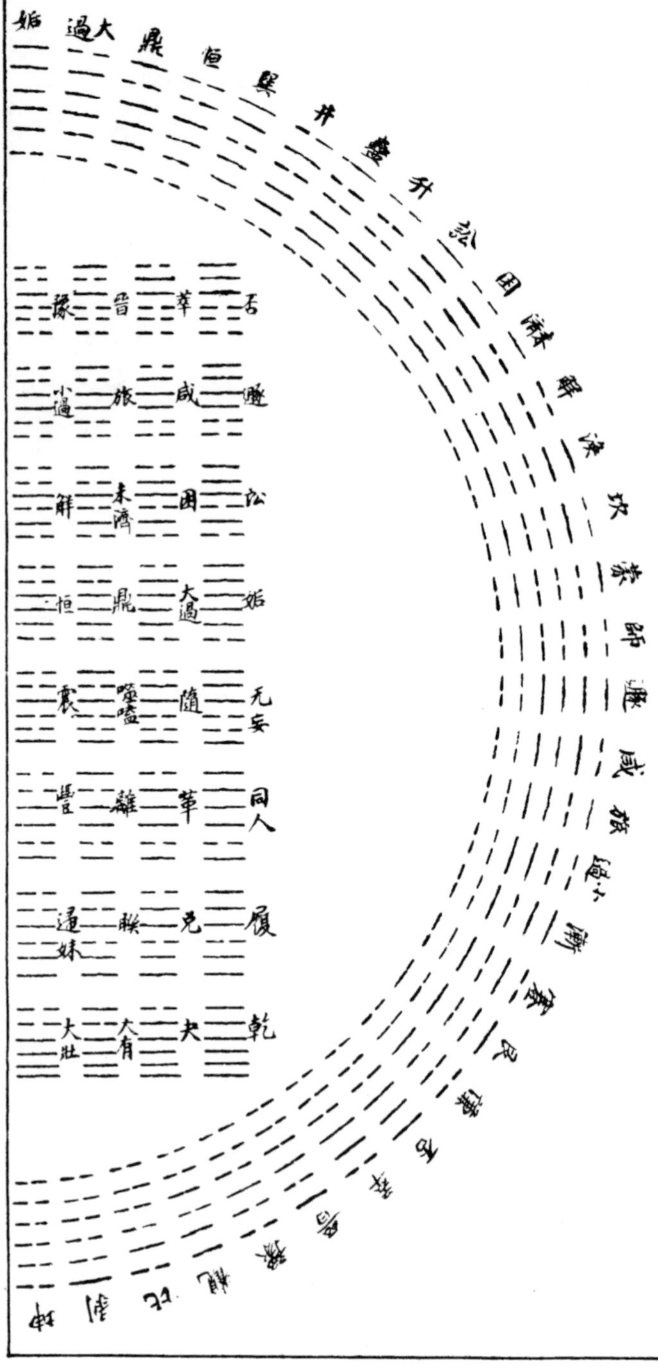

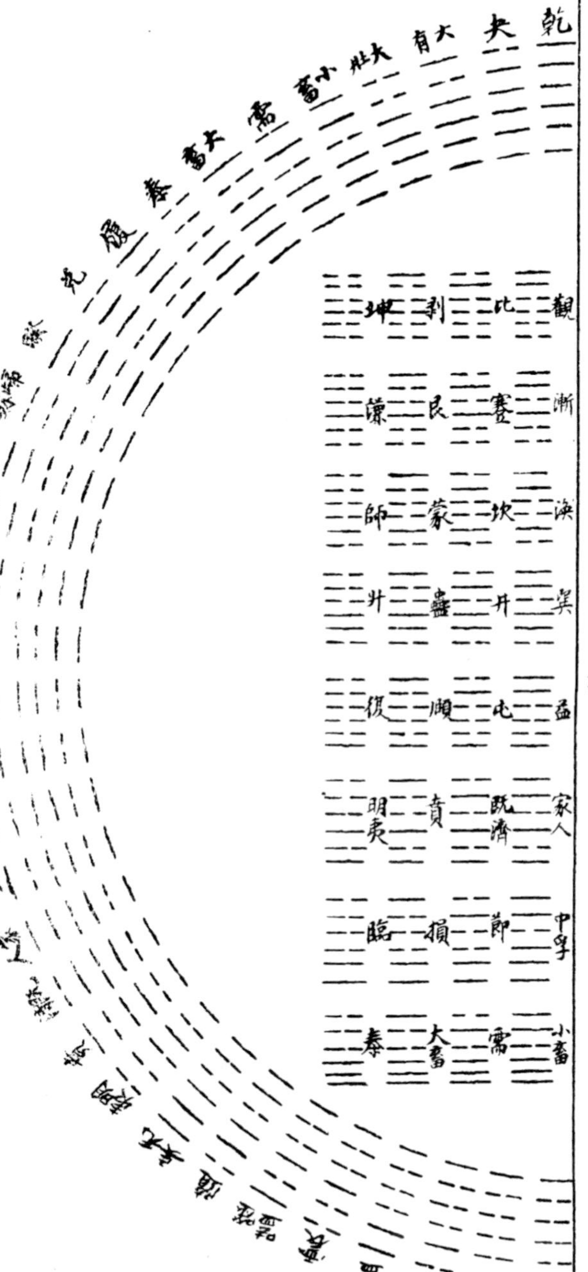

其陰在北方布者乾始於西北坤盡於東南其陽在北其陰在南此二者陰陽對待之數圓於外者為陽方於內者為陰圓者動而為天方者靜而為地者也

三

先天八卦

後天八卦

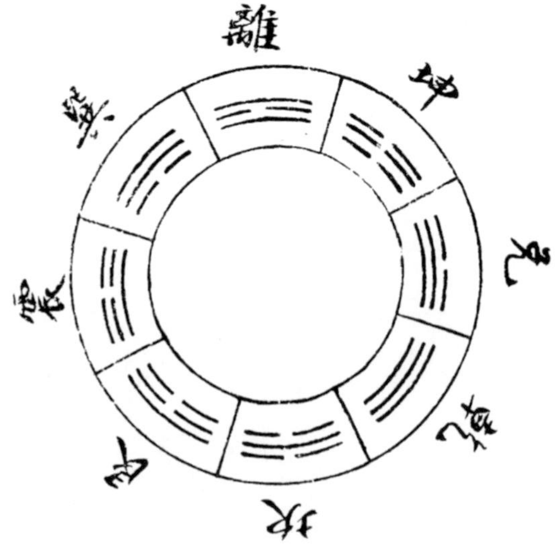

一運八卦為一之一為貪狼亦為弼星為南北八神為父母卦

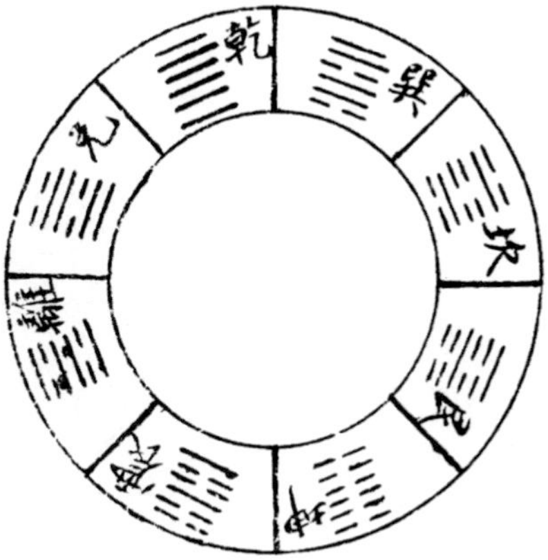

風升
地觀

水蒙
山蹇

天大壯
雷无妄

澤睽
火革

二運八卦為一之二為巨門為江西卦為天元龍

三運八卦為一之三為祿存為江西卦為人元龍

大明夷
地晉

山小過
雷頤

水訟
天需

澤中孚
風大過

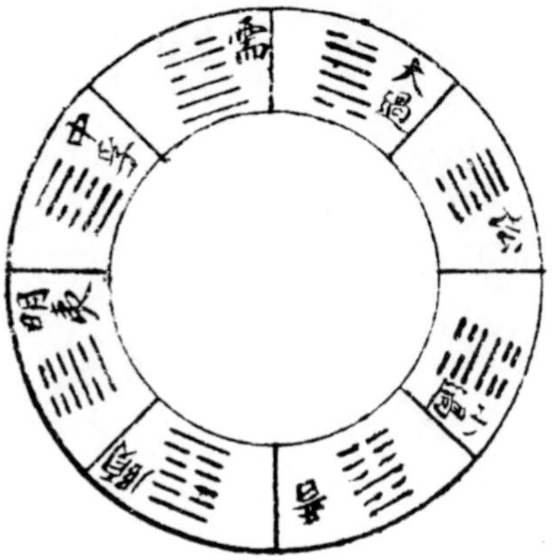

四運八卦為一之四為文曲為江西卦為地元龍

風鼎
火家人

水解
雷屯

天大畜
山遯

澤臨
地萃

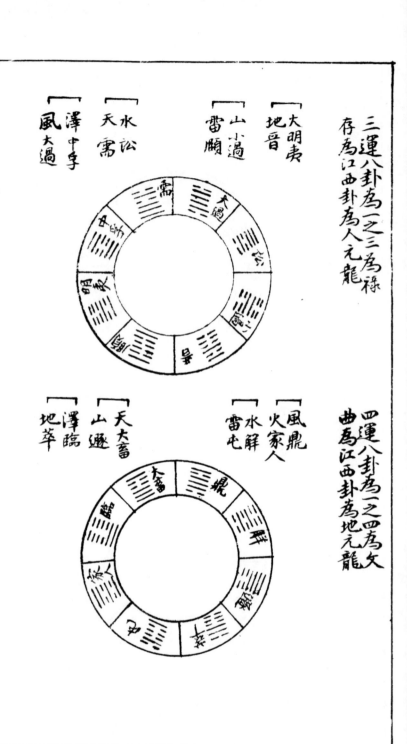

六運八卦為一之六為武曲為江東卦為地元龍

風井　水渙

山謙　地剝

天夬　澤履

火豐　雷噬嗑

七運八卦為一之七為破軍為江東卦為人元龍

風蠱　山漸

地比　水師

火同人　天大有

雷隨　澤歸妹

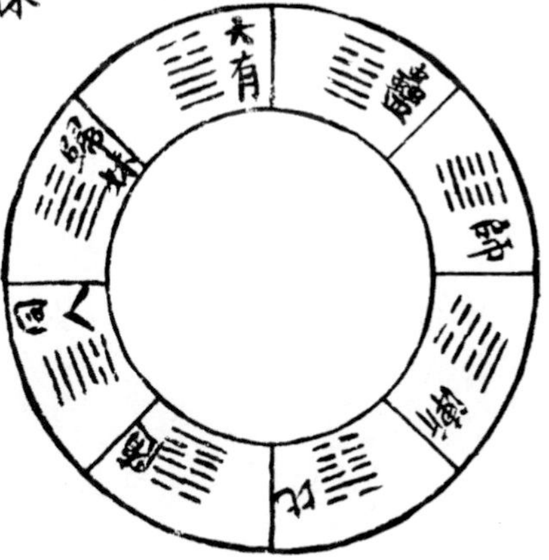

五

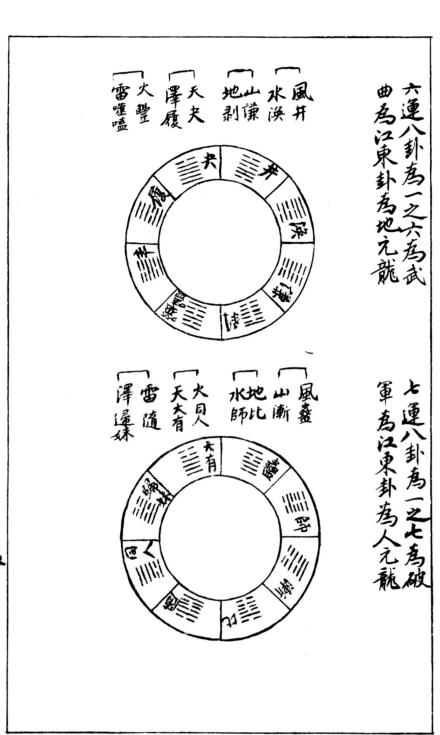

八運八卦為一之八為左輔為江東卦為天元龍

山旅
火賁

雷復
地豫

天小畜
風姤

澤節
水困

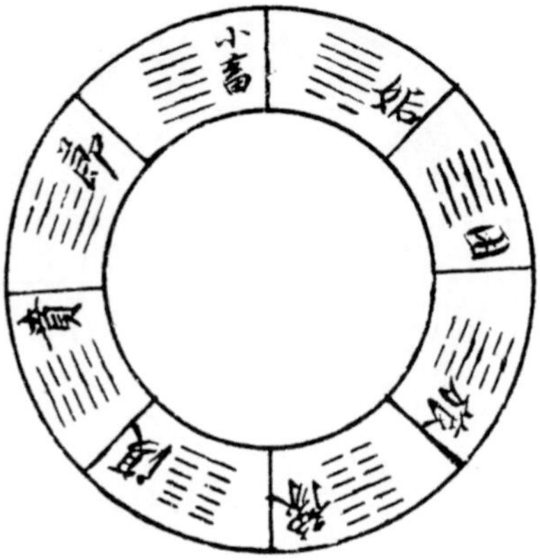

九運八卦為一之九為弼星亦為貪狼為南北八神為父母卦

雷益
風恒

大既濟
水未濟

地否
天泰

山咸
澤損

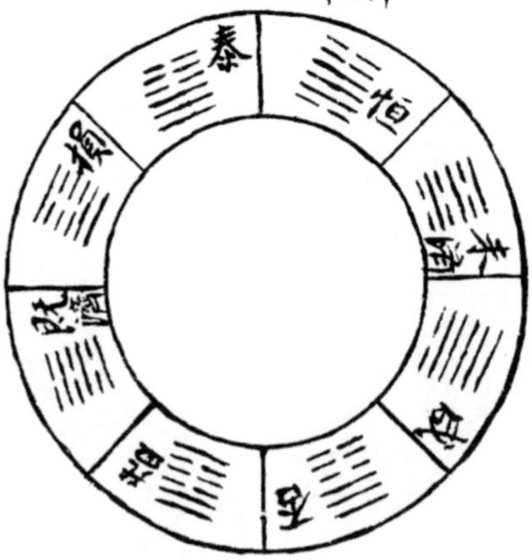

甲癸申貪狼一路行

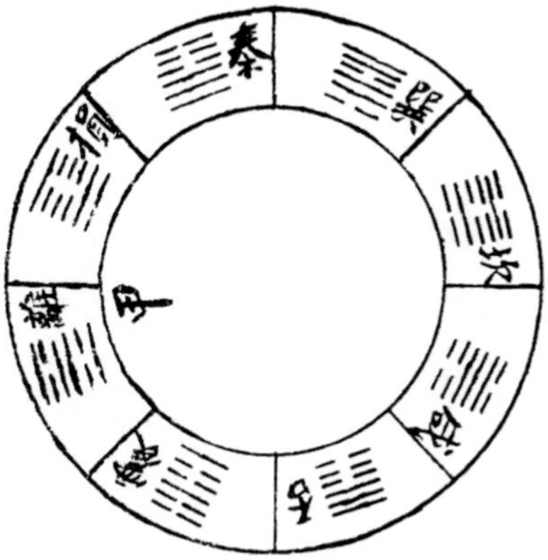

非盡貪狼而與貪狼為一例

六

坤壬乙巨門從頭出

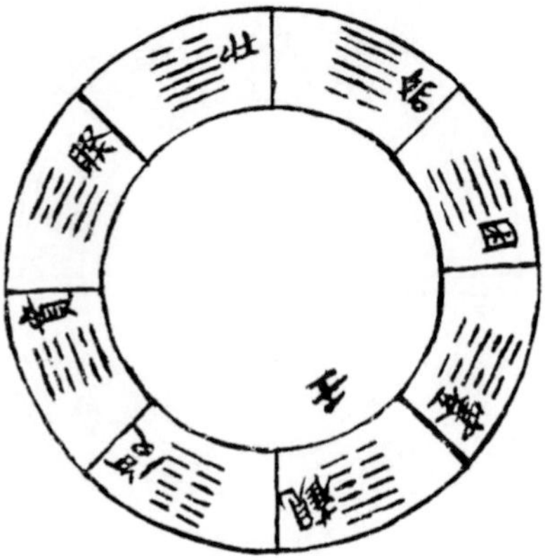

非盡巨門而與巨門為一例

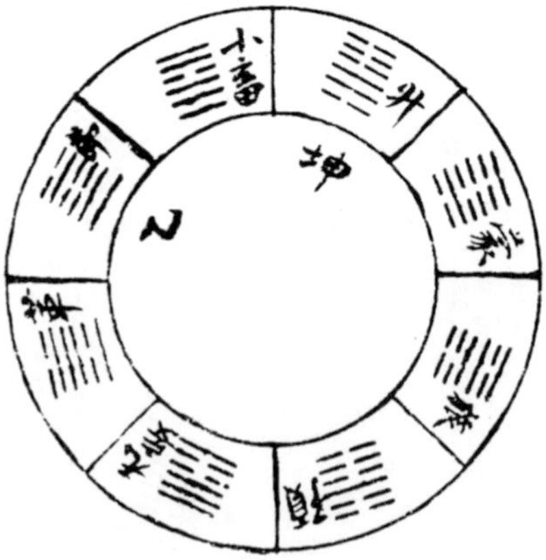

巽辰亥盡是武曲位

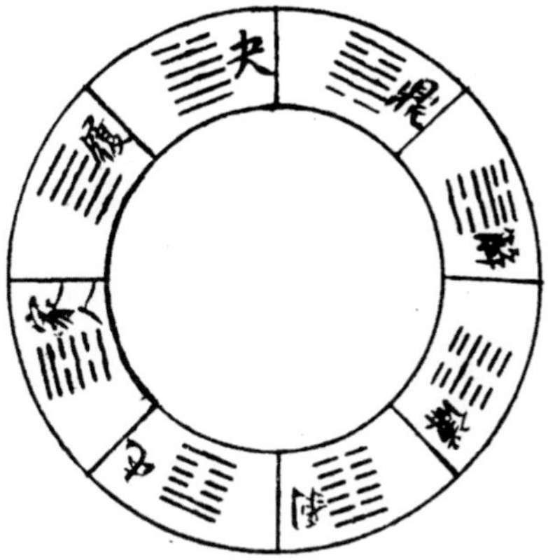

非盡武曲而與武曲為一例

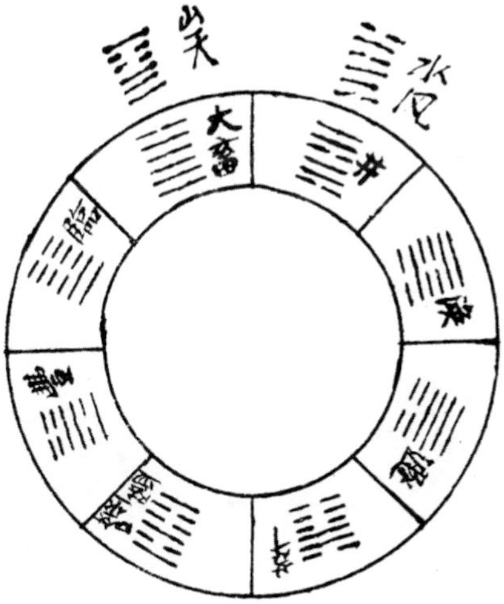

七

艮丙辛位位是破軍

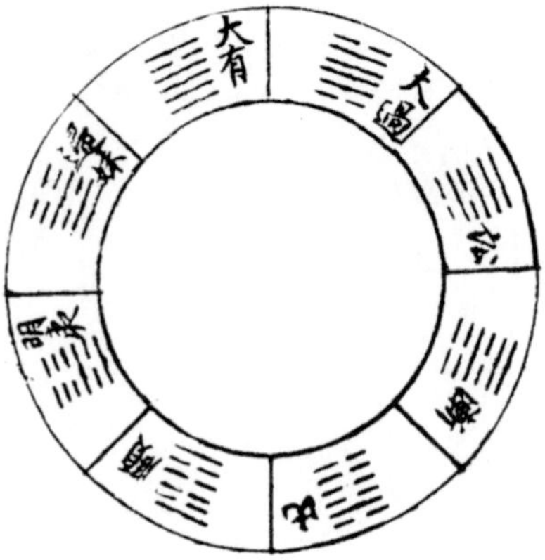

非盡破軍而與破軍為一例

八宮各有一卦毋反對為本宮之主卦此盤是也

一與三通

每宮各有一卦不動故只云七星去打劫也

革去故也鼎取新也屯見而不失其居蒙雜而著

二與四通

大壯則止遯則退也臨觀之義或與或求

八

震者動也物不可以終動故止之故受之以
艮晉者進也進必有所傷故受之以明夷

一與三通

需者飲食之道也飲食必有訟故受之以
訟巽者入也入而後說之故受之以兌

萃聚而升不來也
解緩也蹇難也

二與四通

有无妄然後可畜故受之以
大畜睽外也家人內也

剝爛也復反也豐多故親寡旅也

六與八通

夬者決也決必有所遇故受之以姤渙離也節止也

咸速也恒久也比樂師憂

七與九通

大有衆也同人親也損益盛衰之始也

六與八通

井通而困相遇也
謙輕而豫怠也

小畜寡也履不處也
噬嗑食也賁無色也

七與九通

隨无故也蠱則飭也漸者進也
進必有所歸故受之以歸妹

否泰反其類也故受之以既濟
故受之以未濟終焉

右二十四圖同里徐瑞芝庭述吳門潘景祺斗齋曰
前八圖分清上中下三元九運原圖之所自蓋從邵
子十六卦說朱子三十二圖說推出於乾為天卦歌
及八宮卦序歌中每宮各取一卦一絲不亂所謂八
卦只有一卦通也芝庭曰中八圖即從分運圖推出
取兩運合十如八運八卦各交通初爻為天元二運
八卦各交通二三兩爻亦為天元用二八運中合十
兩卦則三爻俱通矣所謂坤壬乙巨門從頭出非盡

巨門而與巨門為一例也後八圖又從合十圖推出分運合十兩圖未足以盡地之變則反對圖尚矣如一水從豫卦來一水從小畜來更有一水從姤卦來一水從復卦來豫與小畜復之與姤各為同運對待之卦而復為豫之卦反姤為小畜之卦反則四卦又屬一氣相通倘一水從豫卦來一水從大壯來便是合十或更有一水從遯卦來一水從謙卦來遯為大壯之爻反謙為豫卦之爻反再合卦反兩卦是一局

有六水可收所謂水上排龍點位裝兄弟更子孫也
按潘徐說有所本並非傳會穿鑿潘氏說與僕所得
方外說同僕因作口訣上俾學者便於記誦徐氏說
愈推愈密層出不窮蓋中八面一與九通二與八通
三與七通四與六通是前四運與後四運兼取互用
傳曰兼取者先時補救之道善後之良策也後八圖
一與三通二與四通六與八通七與九通是前四運
與後四運各歸一路傳曰一路者當時直達之機取

勝之選鋒也僕特參考舊聞旁引成語以爲確證地
有不盡此者再參卷中通變諸格則地理卦理庶幾
其無餘藴矣按辨正書出一時被其誤者甚衆雖其
書中亦明言不得師傳萬不可借文字語言强以干
支八卦談玄空之奥而一時僞書𧑐出者如乾坤法
竅地理正宗四秘全書辨正再辨等不下數十種皆
以干支八卦强談卦理而其誤人之說遂徧國中幸
得張子綺石不憚洩漏之愆直以六十四卦顯以告

人而以其法按之經文該之蔣傳無不一一脗合恰對機鋒然後吾輩始得藉入其門窺其奧妙而又得卷首諸圖一一詳列而後三元九運八宮九星以及四十八局之秘無不了如指掌吾何幸生張子之後而得讀其書吾將率萬安學者同執弟子禮於張子之靈

四十八局

順子局

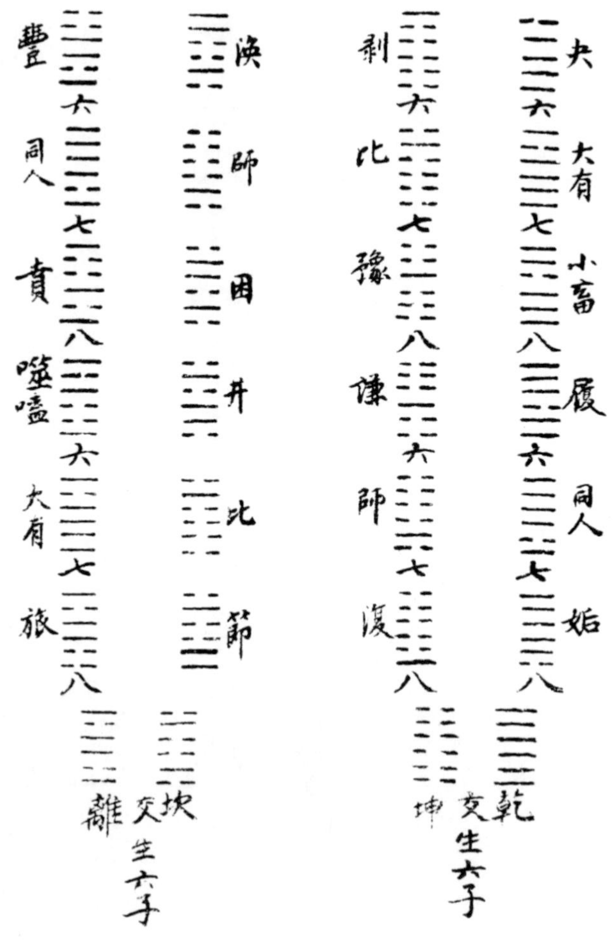
夬
六
大有
七
小畜
八
履
六
同人
七
姤
八
乾
交生六子
剝
六
比
七
豫
八
謙
六
師
七
復
八
坤
渙
師
困
井
比
節
坎
交生六子
豐
六
同人
七
賁
八
噬嗑
六
大有
七
旅
八
離

四十八局

順子局

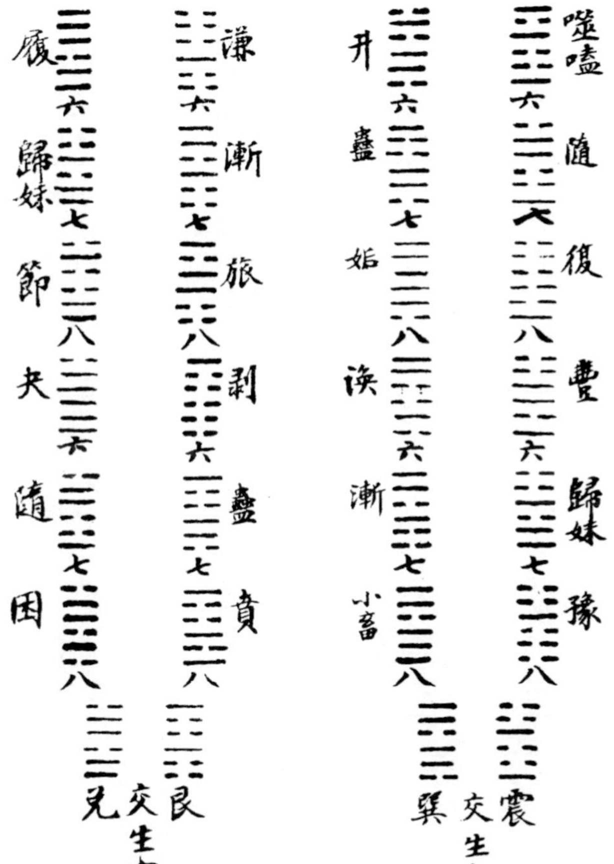
噬嗑 六 隨 六 復 八 豐 六 歸妹 七 豫 八
震
升 六 蠱 七 姤 八 渙 六 漸 七 小畜 八
巽
交生六子
謙 六 漸 七 旅 八 剝 六 蠱 七 賁 八
艮
履 六 歸妹 七 節 八 夬 六 隨 七 困 八
兌
交生六子

四十八局

逆息局

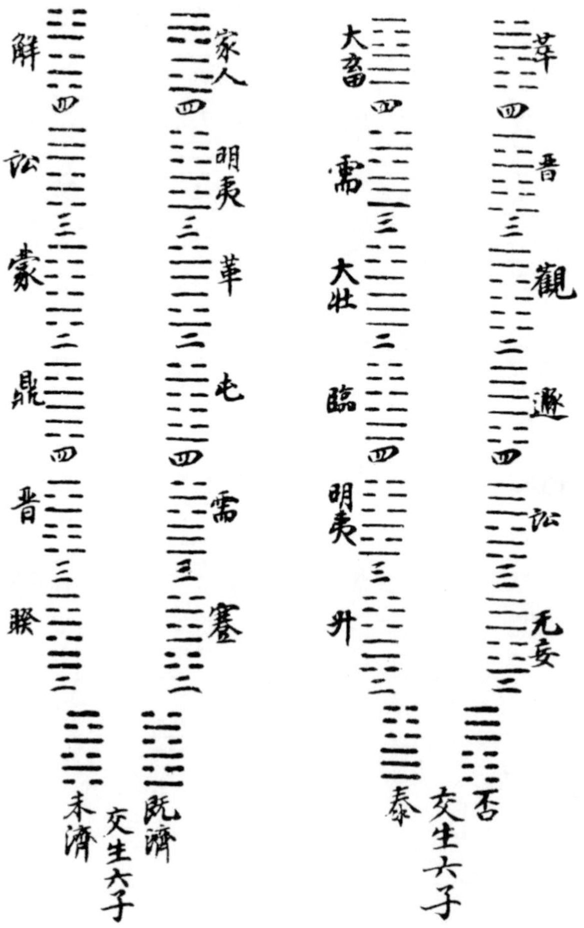
革
四
晋
三
觀
二
遯
四
訟
三
无妄
二
否
交生六子
大畜
四
需
三
大壯
二
臨
四
明夷
三
升
二
泰
家人
四
明夷
三
革
二
屯
四
需
三
蹇
二
既濟
交生六子
解
四
訟
三
蒙
二
鼎
四
晋
三
睽
二
未濟

四十八局

逆息局

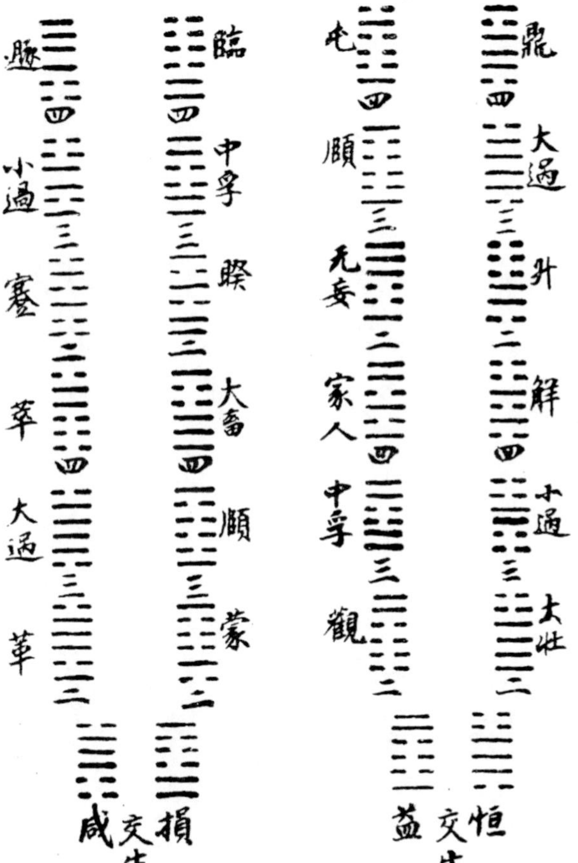
鼎
大過
升
解
小過
大壯
恒
益
交生六子
屯
頤
无妄
家人
中孚
觀
臨
中孚
睽
大畜
頤
蒙
損
遯
小過
蹇
萃
大過
革
咸
交生六子

右順逆四十八局其父母卦即邵子天地定位否泰反類合極圖中之十六卦也其各生六子即朱子啟蒙三十二全圖每對待兩卦可推六十四卦循環無端生生不已地理特易理之一端故只取十六父母卦之各生六子順推逆推而得四十八局蓋乾坤既交之後坎離用事雷風山澤各有所司故乾兌離震巽坎艮坤為諸卦之父母而八卦既交之後天地定位山澤通氣雷風相薄水火不相射則泰損既益恒

未識否又各爲萬物父母亦子復生孫之義也蔣傳此三陰三陽各自爲交而生萬物蓋謂此也徐芝庭曰如復卦爲坤之子息又爲震之子息但看龍水到頭多見坤之子息爻神則定爲坤之子息倘多見震之子息爻神則定爲震之子息餘倣此

按句股法徑七寸 圍得二尺二寸 風俗通三百六十步爲里 公羊傳註六尺爲步三百步爲里卷中推原父母卦即來水去水之前一節二節也大抵在半里

一里之間今以半里推算前面離盤半里合盤後半
里便是一里照風俗通計徑二百十六丈圍得六百
七十八丈五尺八寸五分六厘作六十四股分派每股
應得十丈零六尺零二分九毫若離盤一里每股應得二
十一丈二尺有奇離盤二里每股應得四十二丈四尺有奇
蔣傳謂倒排父母既要曲折又要每折不出本卦蓋
一二里之間卦路已濶三四十丈儘容曲折可不出
本卦且夬卦折入大有履卦折入同人俱為倒排之本

卦又如收水其来源自西流東則到頭宜收訟卦其
来源自西南流東北則到頭宜收升卦細戳四十八
局當自知之恐學者疑格遠龍或有不準故特附詳於此

按測量法徑一尺圍得三尺一寸四分一厘六毫無論為數若干絲毫不爽
假令距盤心十丈作六十四卦均分每卦計濶九尺八寸一分七厘五毫無零或遠
或近按此法加減斷無不準　鳳九識

陽宅覺囫圖語內載入門各法。無所不備。然皆散列篇中。初學
每難入手。今將要訣按次排列。庶初學容易得門。先將卦象及
先天後天卦圖辨清。再將卦序歌讀熟。必須口功。不可強記。次

再記清某爲四男卦。某爲四女卦。某爲內卦。某爲外卦。某爻爲九。某爻爲六。某爲四正卦。某爲四隅卦。某爲二太卦。某爲二少卦。某卦屬幾數。某卦屬幾運。某爲父母卦。某爲子息卦。某爲江東卦。某爲江西卦。某卦屬天元龍。某卦屬人元龍。某卦屬地元龍。某運屬某星。歸上中下某元管。必將以上諸法。熟記胸中。再參看湘樵所擬諸成格及又元子圖圖語等圖。自能一目了然矣。

其青囊經奧語天玉經寶照經曾序天元五歌歸厚錄等書皆係嫡傳真本市坊皆有賣者又元子雖經批論無非解說玄空用法姑俟續印且既洞悉玄空用法則讀以上各書以玄空法按之均能脗合由是知其不合玄空者概非真傳正授矣慎勿自誤兼以誤人則幸甚

乾坤坎離為四正卦　震巽艮兌為四隅卦

乾坤艮兌為二太卦 即西四宅　坎離震巽為二少卦 即東四宅

八卦配洛書數

此即卦數以外卦論若姤卦則為九數卦若夬卦則為四數卦餘倣此詳陽宅覺洛書配先天卦圖

乾九　震八　坎七　艮六　兌四　離三　巽二　坤一

運數歌訣

乾兌離震巽坎艮坤一　壯睽革妄升蒙蹇觀二

需中夷頤過訟小晉三　畜臨家屯鼎解遯萃四

夬履豐嗑井渙謙剥六　有妹同隨蠱師漸比七

畜節賁復姤困旅豫八　泰損既益恒未咸否九

父母子息歌訣　劉湘樵著

夬剝與履謙　乾坤艮兌先　同師大有比　乾坤坎離起
復姤小畜豫　乾坤震巽俱　渙豐井噬嗑　坎離震巽恰
困賁節並旅　坎離艮兌取　隨蠱歸妹漸　震巽艮兌便

以上六七八運以一運為父母　如夬剝履謙四卦均以乾坤艮兌為父母餘倣此

萃大畜遯臨　否泰損咸輪　晉需訟明夷　否泰既未齊
觀壯无妄升　否泰恒益生　家人解屯鼎　既未恒益停

革蒙蹇輿睽　既未損咸陪　過頤小過孚　恒益損咸扶

以上二三四運以九運爲父母

口訣下　張綺石著

二三四運九爲父母六七八運一爲父母兩水對待運遇中五本
運合十是名曰輔名異寔同貪狼父母順逆可排九星挨數更有
挨法亥壬比晉七運收亥三運收壬客水權宜莫誤正神左濵到復
龍宜收坤右濵到坤復卦龍身兩宮交界雜亂禍侵右濵到豫龍自
觀生左濵到觀豫卦龍神兩儀分界差錯莫攖從此細推每卦可尋

卦莫亂挨地貴生成巒頭理氣印證雙清我因蔣註補此口訣神
而明之九星可闡

二十四山配六十四卦方位訣　劉湘樵着

一山管兩卦六分六厘

壬觀比癸屯益子宮剝坤復頤及丙壯有丁鼎恒午山夬乾姤過
停甲豐離乙節孚卯山革同臨損逢庚渙坎辛旅小酉山蒙師遯
咸巧戌漸蹇亥晉豫乾山艮謙否萃俱辰妹睽巳需畜巽山兌履
泰大槙丑震噬寅既家艮山隨妄夷賁誇未巽井申未解坤山蠱
升訟困改

衰旺生死說

曾序　知其衰旺生與死者即此義也若佑術之金生巳木生亥火生寅水土生申皆非

現值癸酉年。為中元四運。四六合十。則四運卦。與六運卦。祇論生死。不論衰旺其一二三七八九等運。祇論衰旺。不論生死。以陽宅論則四運之大畜屯解遯（此皆大數卦）六運之履豐井剝。皆為生卦。其四運之臨家人鼎萃。六運之夬噬嗑渙謙皆為死卦。若值三運。三七合十。則三運之需頤訟小過（此皆小數卦。）七運之歸妹同人蠱比。皆為生卦。其三運之中孚明夷大過晉。七運之大有隨師漸。皆為死卦。餘做此。陰宅反看。龍向以生為死。以衰為旺。山水以生為生。以旺為旺。

看陽宅法　與陽宅覺參看

凡看其房之高大者。定之為主房。即由主房正屋門外（正中與兩墻角取平線處）坐盤看房向屬何卦。是否本運旺向。再看大門出何卦。是否出衰入旺。再看兩內房門。皆出何卦。是否衰旺顛倒。是否合四正四隅二太二少。父母子息卦反爻反諸格。再看院落長短寬窄。是否与房間相稱。再看院墻是否整齊。如四面齊整。均無空缺。則此宅專由大門進氣。必以大門之氣為主。若三面高。則浮空之氣。必由低處透入。則看透入之氣屬何卦。以定衰旺。而斷吉凶。大門便無主權矣。若一正一廂。亦用空缺法斷之。如祗有主房。並無院墻。則以房向

及內房門為主若院路窄長兩廂相逼則屋內之門氣不驗須酌
其長氣斷之此事極須活便不可執一與陽宅覺五要法參看
久久自明

爻象順逆說

凡一三七九運皆順排爻則初爻從右向左排若以乾卦論乾屬
一運應順排距姤近者初爻如用初爻為姤用二爻為同人用三
爻為履用四爻為小畜用五爻為大有用上爻為夬凡二四六八
運皆逆排爻則初爻從左向右排若以姤卦論姤屬八運應逆排

距乾近者為初爻如用初爻為乾用二爻為遯用三爻為訟用四爻為巽用五爻為鼎用上爻為大過餘做此

羅經選擇及用法凡針必取細長而直者盤必格匀而平者佳否則最易誤事

羅經之作也取象乎天故體圓取法乎易故列卦蓋易理即天理也然易理微奧人所難知一有不合為害甚鉅僕因擬一簡便之法使人便於取用自上元甲子前冬至日起至中元甲午前冬至日止此九十年陰宅收龍立向用一二三四卦數坐山消水用六七八九卦數自中元甲午前冬至起至下元癸亥後冬至止此九十年

陰宅收龍立向用六七八九卦數坐山消水用一二三四卦卦數陽宅開門與陰宅消水同論此法為初學者言也既明此法然後再按四正四隅二太二少諸格配合用之自能無大謬矣又全盤共計六十四格其三十二虛線別有用法餘三十二實線皆有凶無吉切宜遠避又坐盤時宜細心檢查近處如有鋼鐵則盤針不準　鳳九識

大玄空配合格局吉凶論　劉湘樵著

大玄空重在取格龍水向有配有合合陰陽交媾而吉無配無合犯陰陽差錯而凶格有多端而相見相乘要不出乎運與卦二者

之範圍九運出洛書即洛書九疇貪巨祿文廉武破輔弼之九星是也運以數紀運有陰陽五行皆本乎數即一二三四五六七八九之數也陰即一二三四陽即六七八九五兼陰陽一六水二七火三八木四九金五十土二五之精皆自太極動盪而出取格定局必須心有把握按數推求方可為人造福不然空談何益此大玄空之秘旨學者其深求之

而亦有卦坤一巽二離三兌四艮六坎七震八乾九以洛書配先天合看自明

青囊經上篇

一六共宗二七同道三八為朋四九為友五十同途龍水卦對合十兼中五縱橫視之合十五即五十同途也

即從此中推出然祇兼運中生成之一格茲總其全

一取本卦同運一運龍一運水一運向如乾與兌卦均為一運是餘倣此

一取本卦兼運一与四合五如乾与大畜是二与三合五如大壯与需是九六合十五如夬与泰是八七合十五如小畜与同人是一九合十如乾与泰是二八合十如大壯与小畜是三七合十如需与同人是四六合十如大畜与夬是一六合生成如乾与夬是二七合生成如大壯与大有是三八合生成

如需与小畜是四九合生成
如大畜与泰是餘倣此

一取本運相通 一与三通如乾与需是二与四通如壯与大畜是六与八通如夬与小畜是七与九通如大有与泰是餘倣此

一取本運兼父母 六七八運一為父母一為貪狼又為弼星合真父母為貪狼非真父母為弼星下同二三四運九為父母九為貪狼又為弼星如夬卦以乾坤艮兌為真父母即為貪狼若坎離震巽雖仍屬一運則非真父母因名弼星以別之

以運取配合者不外此四局餘犯差錯凶

八卦宗先天 即乾南坤北離東坎西兌東南艮西北巽西南震東北先天卦是也倍而重之為六十四卦

卦以象貽 象即四象坤艮老陰乾兌老陽離震少陰巽坎少陽八卦初爻皆奇者為陽儀皆耦者為陰儀初中兩爻一奇一耦者為少陰一耦一奇者為少陽老陽生乾兌老陰生坤艮少陰生離震少陽生巽坎此四象也

而亦有數 即乾九坤一以先天配洛書之數

青囊經上篇天地

定位山澤通氣雷風相薄水火不相射即從此中推出然祇同運中合十之一格茲總其全

一本卦同運八神以外卦合老陰老陽相配少陰少陽相配四正與四正相配四隅與四隅相配為吉格餘犯差錯凶

一本卦兼運八神（即上合五合十合十五合生成是也）以外卦合陰陽老少四正四隅不雜為吉格餘犯差錯凶

一本卦相通八神（即一与三通二与四通六与八通七与九通是也）亦以外卦合陰陽老少四正四隅不雜為吉格餘犯差錯凶（乾坤以震巽為差錯上同　坎離與艮兌為差錯上同）

一本卦兼父母運中八神六七八運一爲父母二三四運九爲父母兼貪兼弼外卦均以合陰陽老少四正四隅爲吉格若卦犯差錯在貪狼爲吉在弼星爲凶此格未經張疏指明然實照經云子午卯酉四山龍支兼干出最豪雄坐向乾坤艮巽位兼輔而成五吉龍子午卯酉指姤復節旅四卦乾坤艮巽指震巽艮兌四卦爲弼星即爲貪狼按復以震爲父母姤以巽爲父母節以兌爲父母旅以艮爲父母是卦合父母不忌差錯也又三合源流篇乾中否卦之水而立辛中小過之向固屬非宜是弼星忌犯差錯一大明徵也舉一類百可以類推

一卦合反對外卦合陰陽老少四正四隅雖犯差錯均爲吉格反對有卦反爻反二義

以卦取配合者不外此五格餘犯差錯凶

大玄空天星九運衰旺生死說

劉湘樵著

大玄空六十四卦陰陽各半陰值運三十二陰卦旺三十二陽卦衰又取三十二旺卦中旺而又旺之八卦為生三十二衰卦中衰而又衰之八卦為死龍以生旺為生旺以衰死為衰死水以衰死為生旺以生旺為衰死曾序云識得陰陽玄妙理知其衰旺生與死不向坐山与来水但逢死炁皆無取蔣大鴻天元五歌云葬着旺龍當代發葬着平龍發跡遲葬着死龍憂敗絕總然合格也難支死即煞也辨正疏云古人為人卜葬或斷初年鼎盛或斷遲之而應或遲之又久

而后應蓋未嘗不知三元易理而龍穴既真則應之遲速在所不
論惟當二十年煞龍煞水之時則雖屬吉壤必有咎徵當知謹避耳又
云覆按故家墓宅某時凶某時吉之理專從理氣推尋何為得運
何為得令何為逢煞蔣氏所謂卦炁之死絕地炁之大死絕也卦炁之
生旺地炁之大生旺也味此數言則張氏之所謂煞非既指蔣氏之所
謂死絕乎又云是書之論理炁重在配合帶説衰旺其曰知其衰
旺生與死但逢死炁皆無取夫得運為旺失運為衰得運而兼得
令為生失運而又與令相反為死生旺固可用而衰亦尚可取但不能

驗期吉效故曰生旺有吉休囚否也若死炁則一無可取上文衰死兼提而下文所云無取則單指死炁其命意從可知也即此推之則余之所謂死即煞也益明矣

五黃說

劉湘樵着

玄空大卦一陰陽之所生也元運九星一陰陽之所化也元運無時不周流即陰陽無時有間斷一白二黑三碧四綠運之陰也六白七赤八白九紫運之陽也獨至五黃忽入無陰無陽之地揆之化機有斷理乎今按青囊經分定陰陽歸兩路之法中元運五

黃二十年劈破中分當以前十年為陰運接一二三四運之末陰之終焉也後十年為陽運當六七八九運之先陽之始機也是五黃一運雖統管二十年而分主陰陽前後各管十年此玄空大卦三元大運千古不傳之至訣定法也何以言之蓋中五一極宰於太始之先兆於無形之後控制天地斡旋元化包羅八卦總該八神往來於二十六宮之春周流於六十花甲之地為氣化之祖為星宿之主乃萬化之祖根也八卦之氣皆中五之所生九星之氣皆中五之所化分之則有殊途合之則無異致兩而化正其一而神也

又說

龍山逸叟

卦無衰旺以運臨之則有衰旺卦無生死以運蒞之則有生死寔以陰陽二字為樞機蓋卦有卦之陰陽運有運之陰陽天地間無往而非陰陽之所布即無時而非陰陽之所運陰遇陰則陰旺陽遇陽則陽旺陽生則陰死陰旺則陽衰此陰陽之炁所謂一呼一吸而物之衰旺生死皆莫能外也衰旺生死乃作玄機得此卜二宅立可消息盈虛轉移禍福顧其說久隐於青囊蔣氏傳經猶引而不發張氏疏雖畧宣其旨而微言吞吐不露全神令人捉摸難定余索之多年

蕪忽有悟因盡發其覆將天機奧旨一一指明復集傳疏諸說以
證之使閱者不至誣僕以謬妄則自信即可共信張子復生其不
易吾言也夫

又說　　　　　　　　　　　　　　　　湘　樵

九星八運分列八方有數有卦惟五黃中宮立極運臨八方無正
位無專宮有數無卦以山水相對或兩水夾對之卦為卦象為陰
陽河圖五十居中洛書中宮只五數無十數然以龍水相對兩卦
之數合中五視之此一則彼九此坤則彼乾縱橫十五依然有合

五合十之妙分陰分陽之理是則五黃一星主宰中五控制八方陰陽五行八卦九星攢簇於一宮之内周流於三元之中誠無上至尊之妙洪範稱為皇極洵哉其為極也噫玄空大卦之理其斯至乎運轉乾坤鼓動風雷升降水火鎮靜山澤翕聚先後二天總攝上下三元陰陽二氣由此分前後四運從此定之玄空大卦以雌雄交媾為第一義首重龍水相對幽深玄妙之理精微奧窔之旨其在此乎其在此乎

衰旺生死說

一白坤卦龍旺乾卦水旺
為天地定位

二黑觀卦龍旺大壯水旺
為雷風相薄

三碧晉卦龍旺需卦水旺
為水大不相射

四綠萃卦龍旺大畜水旺
為山澤通氣

五黃或龍与水對或有兩水夾對合五合十是也按兩水相對中還
有兩卦合十五一端若龍水不對卦能合五合十合十五亦作五黃論

六白剝卦龍旺夬卦水旺
為四六對

七赤比卦龍旺大有水旺
為三七對

八白豫卦龍旺小畜水旺
為二八對

九紫否卦龍旺泰卦水旺
為一九對

玄空大卦挨星口訣

坤壬乙升觀節巨従頭出

艮丙辛夬有小過屬破軍

巽辰亥履大畜萃武曲位

甲癸申離益未貪一路行

天心正運主運說

湘樵

天心即斗杓所指之正運也張疏云即今八運收艮卦八白正運之龍收小畜二黑輔運之水愚按即張疏推之八白復卦主運頤卦爲斗杓所指之正運也由此觀之主運正運可例推矣

卦屬身體說如乾卦當衰徧主頭病離卦當衰徧主目疾餘倣此

乾爲首　坤爲腹　震爲足　巽爲股　坎爲耳　離爲目

艮爲手　兌爲口

天元第五歌 論選擇

雲間蔣平階大鴻氏著

諸家選擇盡荒唐斗首元辰失主張奇遁演禽消倒亂不經真授莫猜詳　首言諸家選擇之非原註

世人尅擇用干支化命生辰各祿政豈知死者已無權反氣入地為復命復命能司造化神生者命從葬者定故有仙人造命訣不是干支子平法都天寶照候天星此是楊公親口說不怕三煞與都天陰府空亡俱抹煞年尅壓命有何妨退氣金神皆滅沒一卷天元烏兔經留與人間作寶筏

此直指選擇造命之法而歸重於天星可廢一切神煞拘忌之說原註

造命者為所修之工作造一命也故造事以卯安命葬事以酉安命蓋卯為日出之方陽

氣所發洩也故凡生人之事皆安命於卯酉爲日入之方陰氣所還藏也故凡葬事
皆安命於酉法詳後註

太極始判兩儀分其中日月是眞精金烏玉兔本一物五星四餘從此生聖人
觀象演歷法干支甲子作天經五行俱是陽中氣神煞何曾有別名祇將日
月司元化萬象森羅在掌中

此言造命天星以日月爲主 原註

世間萬物各有命不但生人男女定造物制器可同推修造葬埋咸取証日
月五星大象同一時八刻一移宮造命玄機時作主毫厘千里不相通

此言萬事萬物各有命而其機在時 原註

造葬安命取卯酉者非爲造者葬者之生人亡人安命蓋爲所造之宅所葬
之穴安命也所造之宅安個好命生人居之得其吉所葬之穴安個好命
亡人居之受其蔭所造之宅所修之穴占於何宮何度擇得此時天上有

用之星至其時皆照曜於宅穴所占之宮度而造葬即成其來照之精光常留而不去則造命之謂也若時刻一差則有用之星皆他移不照於此或者更有忌難之星反来相照則禍福迥别故曰毫釐千里也

先將晝夜別陰陽晝夜晨昏出没詳十二宮中三十度大約六度是分疆二十八宿七政明論宮論度要平分深則論宮淺論度一分一秒不容情命入躔宮度五氣日月隨命分五行五曜四餘扶日月生尅衰旺準天秤最取用星為福曜有恩有用作干城若用專權為上格忌星一雜福斯輕

此論十二宮分度躔命五行而歸重於恩用原註

選擇之法以晝夜别陰陽日月有晨昏度大概卯以後為晝為陽戌以後為夜為陰再合陰令陽令以定用星陽令以金水為用陰令以火羅為用又晝用金水夜用火羅其義一也十二宮每宮以三十度為率每宮前後各三度為入

宮淺當論度主過此三度為入宮深則論宮主前后各三度故六度是分疆也安命之度以日躔為定視日躔入宮淺深之度以定安命淺深之度或取度主或取宮主各有五行所屬以別恩仇如得用星為恩極為上格但恐忌星相雜也

用擢一星落何處陽時陰候分邊際冬夏二至陰陽極春秋二分是平炁平氣陰陽用可兼尤看晝夜与宮垣略過平炁陰陽別當極之時禍福專陽令為用金孛水陰令為用羅与火秋木獨宜水兼孛春土大羅金計土春在分后須陰助秋在分后宜陽輔

此專論四時用忌之各異原註

古法云冬至后為陽令夏至后為陰令陰令用火羅陽令用水孛二分為平氣水火兼用說理則是而於用則非如有粗心而信古者夏至后遂用火羅豈不誤乎今此章措語極穩妥而明晰言二至陰陽極二分為平炁春在分後

須陰助秋在分后宜陽輔令人一見了然雖粗心亦不至有誤

宮長星體兩兼收度前度後要深求尤向五星探伏現逆来順去并遲留三方對照緊相隨同宮隔宮一例推拱夾有情權力大日月交映格尤奇

此備言宮星恩用諸格正變之法原注

宮言宮主度言度主所用之星在宮主度前為引度后為從且五星各有伏逆遲留均為無力雖用之無益至於格局三合為拱照左右為夾照左右或隔一宮照或四正照或對照或同宮照或日月三合拱山向拱命宮拱命主或五星有用者拱夾日月日月拱夾山向命宮均為合格然必須有情方為得力有情者如三合拱照一星在寅十度一星在戌十二度安命在午宮十三度或九度均不差過三度為有情若隔四度以外則為無情雖在其宮而光不及矣

身當旺令不須恩但將用曜作根源平令獨恩難發達衰時得用允無愆以恩為用真至寶以難為用多顛倒以恩為忌壽而貧以難為忌身不保

此言恩用難合之法原註

身當旺令者如金為命主秋用事則不必再取土為恩金太過則燥用曜者如陽令以金水孛為用也平令者如木當秋令雖有水星為恩亦難得力必須火羅以溫水木而尅金方能發達也如火衰於秋而火羅為用以恩為用者如時當陽令而命主為木水孛為用而即為恩也以難為用者如時當陽令火為命主水孛為用星水孛為火之難星又時以為用者也以恩為忌者如陽令土為命主土以火為恩星陽令以火為忌星是也以難為忌者如陰令忌水孛而火為命主是也

本宮端的管初年宮若不純須舍旃必取宮身俱妙合長安花滿好揚鞭

此言宮星並重之妙原註

本宮者命主所居之宮也本宮之內若有仇難等星即謂不純必須舍此另擇而擇其恩用相資者用之則得矣

就中暗曜最難知空地翻同實地司寅戌兩宮光在午丑亥二曜子中依

此言暗曜変格原註　命在午寅戌有星拱照命在子亥丑有星夾照或戌寅有星隔宮夾照或酉卯有星四正夾照皆名暗曜

更有橫天交氣法寅申有曜亥中憑巳丑卯宮丑未酉短長多寡度中移

此言橫天交炁法而借亥卯酉三宮為例原註

此即四正照与陽一宮照之例

月逢晦朔皆為福何必蟾光三五圓但忌陰陽當薄蝕七日之內勿爭先太白晝見經天日雖有恩星失柄權

此論薄蝕經天皆所忌原註

月雖無光其實光在上面故一樣可用若日食月食前七日後七日皆不可用太白經天尤為天変一例當避之

果老星宗此的傳星書卷卷失真詮諸般格局皆虛假升殿入垣

莫挂牽　此辨星書諸格之謬原註

星書諸般格局瑣碎甚多凡日月五星躔其所主之宮為入垣如日躔午宮月躔未宮木躔寅亥水躔巳申之類日月五星躔其所主之度為升殿如日躔星房虛昴月躔心危畢張木躔角斗奎井之類其宜用之無益只取恩用忌難以別取舍拱夾對照以求宜定用則果老真傳也

無奈星家多失學增添宜忌漫誇張天元秘旨今朝啟細查天心造命詳　未推原造命本於天官曆法原註　此無深義

俚句流傳實至言雲陽五曲號天元其中奧旨須尋味慎莫差訛累後賢　此總結五篇而致其叮嚀之意原註

選擇原註

擇日之法在於善候天星而化命不與焉蓋人死則形消氣返有生之理已終而復追求其始生之年以配四柱忌其沖犯避其凶煞求其生旺擇其祿貴此真不明理之言也大凡人事莫不因乎天而成乎地鑿穴而深藏之所以受地氣度日時而後下所以受天氣故古人謂之造命造命謂何山水龍向本自天然求穴之前猶如太虛渾漠無着鑿而穴之則如混沌之初開萬象之初立地之靈氣有所依附如人之初出胎然後此之殃祥從此時始故謂之造命也造命之法以日月恩用之拱夾定格以晝夜陰陽之分宮定局以格局定日以日之躔度定時以時定命以命定恩以二至二分

之時令定用審山向之偏正論入宮之深淺推卦氣之衰旺觀穴形之強弱日暖風和月明星朗雲霧不生山川明媚則天精地華合為一氣而毓秀無疑矣至於應驗之期總以三合帀沖填實之年月斷之若夫諸家神煞在所不拘神煞雖多不能出於五行之外五行有日月星以為之主五星又生於日月之兩儀天地雖廣經之以度但得日月五星到度又何神煞之有雲間蔣大鴻所著天元第五歌專論造命錄而註之造命之法所重在時以太陽所躔之度加時宮度推之盖陰陽晝夜時刻之分祇在於日日出則明而為晝以行化於天日入則晦而為夜

以育精於地是以造命立於卯。取日出而發生之義。葬命立於酉。取日入而成胎之義。假如冬至後。日躔箕斗之度在丑宮。若用丑時。則宮辰不動。造日立命於卯屬火。葬日立命於酉屬金。若用寅時。則日同箕斗之宿已在寅宮。而寅宮心尾之宿。并移而至卯。申宮昴畢之宿。并移而至酉。則造日當立命於寅屬木。葬日當立命於申屬水。其餘倣此推之。十二宮辰所屬。以午未為天。子丑為地。寅亥卯戌辰酉巳申。自下而上。以春夏秋冬配之。盖取日月相對之義。故寅為春木。而申為冬水也。吳下風俗多作壽坟。其立命宜同造日。若用葬日。於理未安。此段註世間萬物各有命至毫厘千里不相通下先查四時日出日入之時刻以分晝夜。晝宜立何命得太陽有情。夜宜立何命得太陰有情。而立命之宮。又當辨其淺深。不可約畧了事。如周天有三百六十五度四分度之一。以十二宮分之。一宮約有三十度零。共兩宮分界之間。約跨六度。宮氣不清。以兩宮平分之。則一宮得三度。以一宮前後共計之。則有六度不清之炁。若立命值此六度之中。祇可作度主論。出此六度。入宮已深。方作宮主。假如冬至後。日躔箕四度。前一日三度過丑宮。其日用午時。則日同丑宮箕星到巳。寅宮宿到午。卯宮宿到未。辰宮軫角宿到申。漸次將沒。立命當在辰宮屬金。以太陽入丑祇二度則辰宮立命亦秖二度（翼九度過辰則立命當）在翼十度入宮淺秖可作翼火論不得作辰金論矣其同一午時之中又有數刻之差若用午初一二刻則日之入午宮淺而辰之入酉宮亦淺其酉宮前二十餘度還是巳宮張翼所占則巳宮之水氣多而辰宮之金氣少亦不得作辰金論若作巳宮水命則巳宮立命當在星六巳過辰宮又不得作水命論也金命以土為恩水命以土為煞宮分不清則立命不準而恩用無憑禍福之分毫厘千里故一分一秒不容情也大凡太陽躔度在一宮之中則宮分易清若躔兩旁最易混亂宜細推之（此段注先將晝夜別陰陽至一分一秒不容情下）

立命之法全視恩用恩用有情方可立命要取用星須看節候冬至後為陽令夏至後為陰令春秋二分陰陽之氣平分則陰陽用星可以兼收然亦有分別陽用宜晝陰用宜夜而用星之與宮主又要看其生尅何如則宜生宮而為恩不宜尅宮而為難也冬至後以金水孛為用夏至後以火羅為用冬至後為陽令夏至後為陰令岆及時得用之星故曰用星秋月立命寅亥屬水受尅於金則取水孛有情為恩水孛雖非用星以木受尅不得不用之也春月立命子丑屬土受尅於木則取火羅有情為恩火羅雖非用

星以土命受尅不得不用之也金尅木而有水孛則金為恩之恩木尅
土而有火羅則木為恩之恩所玄化煞為恩之妙如此若春月立
命辰酉屬金金氣正衰則取土計雙扶以育之土計雖受制於春
木而見金則無害是以衰旺本無一定恩仇亦可互通隨時應用
何必拘拘於某節某候而後用日哉此段註命入躔宮度五炁至秋在分後宜陽輔下
宮辰即立命之宮主也星體即所葬本山之形也在天成象在地成
形本是一炁相通故本山之星体不可不辨其取恩用与立命同須
兼收而不相背為上而立命之宮與本山之宮俱要乾淨不許有

仇難星侵占有則宜另擇故要深求至於五星惟以順現為吉遲留伏逆俱為無力故仇難之星而遲留伏逆則不能為凶恩用之星而遲留伏逆則亦不能吉也此段注宮辰星体兩兼收四句以下

凡立命何宮必須取一格局方為有情假如子宮立命恩用之星在申辰兩宮為三方在午宮為對照在子為同宮在亥丑為隔宮其三方隔宮要恩用雙到為合格如恩用在申而辰空恩用在丑而亥空並所空之宮別星占住俱不合格拱夾者或恩用拱夾日月或日月拱夾恩用或日月同恩用分立兩邊拱夾命宮為有情

有力 此段註三方對照緊相隨四句下

凡氣旺則無藉於恩如春木得火而溫安用水孛秋金得水而清不資土計惟氣衰者須恩用雙濟為美尅命者為難尅用者為忌

此段註身當旺令不須恩八句

又本宮所係至重必要純粹祇取乾淨不妨空白但得他宮有星其光來照自然有情假如子宮立命日月恩用俱在子則為同宮相照如子宮空白而日月恩用在丑亥則為隔宮夾照在寅戌則為隔兩宮夾照在卯酉為四正拱照在申辰為三方弔照在午為對

照凡拱夾之格兩邊宮內不宜一邊有星一邊無星宮星不宜一邊太多一邊太少星之躔度不宜一邊太遠一邊太近假如下元癸卯年八月十二日丁未子時葬酉山日躔巳月躔丑寅宮立命屬木准恩伴日月三方拱照此秋木用水孛之一格也又如下元甲辰年正月初十癸酉日巳時葬戌山日躔子月躔申計在巳土在卯辰宮立命屬金双恩夾命日月三方照命隔一宮照山此春金用土計之一格也又如上元庚戌年七月十二己卯日巳時葬酉山日躔巳月躔丑土躔亥計躔未金水夾日火羅夾月酉山酉命屬金

滿局拱照此秋分前後火羅金水孛用之法也又如上元庚戌年九月十六壬午日卯時日躔卯月躔酉土在亥計在未酉宮立命屬金日月四正拱山向坐對照命政恩拱日夾月以此推之凡一月必有數日合好格者在人善用之而已此段註本宮強的管初年以下

天星造命節畧

首取太陽過宮以定月將

次取月將加用時順數至卯酉宮安命月將加時乃將所用之時加在月將之宮順行

再取立命宮以定五行

再取天星十一曜五行以定星之恩難生尅吉凶
再取坐照對照三合照十字夾照以定恩用之成格合局
月將加時者乃將所用之時加於月將宮內順行至卯時安造命至
酉時安葬命如正月月將在亥用亥時順數至卯時正在卯宮即
於卯宮安造命若用子時則子在亥宮丑在子宮寅在丑宮卯在
寅宮即於寅宮安造命若用丑時則丑宮安造命若用寅時則
子宮安造命用午時申宮安造命用申時午宮安造命用卯時
即於亥宮安造命餘倣此

十二宮所屬

子丑屬土　寅亥屬木　卯戌屬火　辰酉屬金　巳申屬水

午宮屬日　未宮屬月　午未屬天　子丑屬地

寅亥屬春　卯戌屬夏　辰酉屬秋　巳申屬冬

太陽過宮定十二月將法

每月太陽以中氣後過宮中氣者如正月雨水二月春分是也

月將者與月建相合者也如正月建寅則以亥為月將二月建卯以

戌為月將也

天星十一曜者七政四餘也

日月金木水火土謂之七政紫氣屬木羅睺屬火月孛屬水計都屬土謂之四餘

查選擇求真書中喜金水同輔為吉楊公云請君專用太陽照三合對宮福壽堅金水二星併紫炁月孛同用又無嫌此專為用太陽者言也蓋太陽太陰喜金水相輔逢紫炁為祥云遇月孛為抱蟾遇火則爭明遇土木則掩蔽其光遇羅計則晦蝕皆不吉

造命之法易知造命之用難知蓋緣古書曾傳其法未詳其用故

人不知也夫造命貴在用時固也此一時八刻延長無幾或造或葬將此所擇之時應用在造葬之何時乎此中之秘苦無傳書臆說紛紛莫宗一是今讀此原註曰求穴之前猶如太虛渾漠無著鑿而穴之則如混沌之初開萬象之初立地之靈氣有所依附如人之初出胎然此雖是論解造命之所然而用時之秘已隱寓於中一旦豁然曷勝快足蓋天地本一體不動則不應動則應也渾然一地忽爾鑿之是為動機地既有動天必來應當此之時諸吉照耀與之合度而地之動氣與諸吉之光感應交合而為一凝結

不解遂成永久無論諸吉移轉於何方而其光乃常注於此他光不得混入也然則用時之法得其要矣爰急書之以告學者又元子

十二宮五行所屬圖

冬水	天日	天月	冬水
秋金			秋金
夏火			夏火
春木	地土	地土	春木

巳	午	未	申
辰			酉
卯			戌
寅	丑	子	亥

天元第五歌選擇造葬各法專重天星餘無禁忌迥與俗術不用僕用之多年極為簡便然必與七政四餘歷書參看始能合用

陽宅書自古無善本通俗所尚皆以大遊年分東四宅西四宅為定之法以福德天醫延年生氣為吉以五鬼六煞禍害絕命為凶祇論方位不重空氣均屬無稽之談絕少應驗陽宅覺一書為天津靜海又元子先生所著脫胎於蔣大鴻天元第四歌專言易理首重元運以河圖洛書為根以生旺衰死致用專收浮空之來氣不論方位之吉凶卻能百試百驗故又名曰百驗新書得者寶之

囫圇語亦爲又元子所著專言水龍訣法與山龍迴異書序云山管山兮水管水此是陰陽不待言山上龍神不下水水裡龍神不上山皆此意也中繪圖式若干以爲初學比例

入門要訣爲　僕所編集者詞句敝俚未免貽笑大方然於初學及僅識之無者庶幾便於取用且又均合玄空要旨由此大啟悟機自可著手成春應如桴鼓如果持此秉以救世定能獲福無量若奸險之輩容心害人恐天公決不輕宥也戒之慎之

占筮類			
1	擲地金聲搜精秘訣	心一堂編	沈氏研易樓藏稀見易占秘鈔本
2	卜易拆字秘傳百日通	心一堂編	
3	易占陽宅六十四卦秘斷	心一堂編	火珠林占陽宅風水秘鈔本
星命類			
4	斗數宣微	【民國】王裁珊	民初最重要斗數著述之一；未刪改本
5	斗數觀測錄	【民國】王裁珊	失傳民初斗數重要著作
6	《地星會源》《斗數綱要》合刊	心一堂編	失傳的第三種飛星斗數
7	《斗數秘鈔》《紫微斗數之捷徑》合刊	心一堂編	珍稀「紫微斗數」舊鈔秘本
8	斗數演例	心一堂編	
9	紫微斗數全書（清初刻原本）	題【宋】陳希夷	斗數全書本來面目；有別於錯誤極多的坊本
10-12	鐵板神數（清刻足本）——附秘鈔密碼表	題【宋】邵雍	無錯漏原版 秘鈔密碼表 首次公開！
13-15	蠢子數纏度	題【宋】邵雍	蠢子數連密碼表 打破數百年秘傳 首次公開！
16-19	皇極數	題【宋】邵雍	清鈔孤本附起例及完整密碼表 研究神數必讀！
20-21	邵夫子先天神數	題【宋】邵雍	附手鈔密碼表 研究神數必讀！
22	八刻分經定數（密碼表）	題【宋】邵雍	皇極數另一版本；附手鈔密碼表
23	新命理探原	【民國】袁樹珊	子平命理必讀教科書！
24-25	袁氏命譜	【民國】袁樹珊	
26	韋氏命學講義	【民國】韋千里	民初二大命理家南袁北韋
27	千里命稿	【民國】韋千里	
28	精選命理約言	【民國】韋千里	北韋之命理經典
29	滴天髓闡微——附李雨田命理初學捷徑	【民國】袁樹珊、李雨田	命理經典未刪改足本
30	段氏白話命學綱要	【民國】段方	民初命理經典最淺白易懂
31	命理用神精華	【民國】王心田	學命理者之寶鏡

32	命學探驪集	【民國】張巢雲	發前人所未發 稀見民初子平命理著作
33	澹園命談	【民國】高澹園	
34	算命一讀通——鴻福齊天	【民國】不空居士、覺先居士合纂	
35	子平玄理	【民國】施惕君	
36	星命風水秘傳百日通	心一堂編	
37	命理大四字金前定	題【晉】鬼谷子王詡	源自元代算命術
38	命理斷語義理源深	心一堂編	稀見清代批命斷語及活套
39-40	文武星案	【明】陸位	失傳四百年《張果星宗》姊妹篇 千多星盤命例　研究命學必備
相術類			
41	新相人學講義	【民國】楊叔和	失傳民初白話文相術書
42	手相學淺說	【民國】黃龍	民初中西結合手相學經典
43	大清相法	心一堂編	重現失傳經典相書
44	相法易知	心一堂編	
45	相法秘傳百日通	心一堂編	
堪輿類			
46	靈城精義箋	【清】沈竹礽	沈氏玄空遺珍 玄空風水必讀
47	地理辨正抉要	【清】沈竹礽	
48	《玄空古義四種通釋》《地理疑義答問》合刊	沈瓞民	
49	《沈氏玄空吹虀室雜存》《玄空捷訣》合刊	【民國】申聽禪	
50	漢鏡齋堪輿小識	【民國】查國珍、沈瓞民	
51	堪輿一覽	【清】孫竹田	失傳已久的無常派玄空經典
52	章仲山挨星秘訣（修定版）	【清】章仲山	章仲山無常派玄空珍秘 門內秘本首次公開 沈竹礽等大師尋覓一生末得之珍本！
53	臨穴指南	【清】章仲山	
54	章仲山宅案附無常派玄空秘要	心一堂編	
55	地理辨正補	【清】朱小鶴	玄空六派蘇州派代表作
56	陽宅覺元氏新書	【清】元祝垚	簡易・有效・神驗之玄空陽宅法
57	地學鐵骨秘　附　吳師青藏命理大易數	【民國】吳師青	釋玄空廣東派地學之秘
58-61	四秘全書十二種（清刻原本）	【清】尹一勺	玄空湘楚派經典本來面目 有別於錯誤極多的坊本

62	地理辨正補註　附 元空秘旨　天元五歌　玄空精髓　心法秘訣等數種合刊	【民國】胡仲言	貫通易理、巒頭、三元、三合、天星、中醫
63	地理辨正自解	【清】李思白	公開玄空家「分率尺、工部尺、量天尺」之秘
64	許氏地理辨正釋義	【民國】許錦灝	民國易學名家黃元炳力薦
65	地理辨正天玉經內傳要訣圖解	【清】程懷榮	秘訣一語道破，圖文并茂
66	謝氏地理書	【民國】謝復	玄空體用兼備、深入淺出
67	論山水元運易理斷驗、三元氣運說附紫白訣等五種合刊	【宋】吳景鸞等	失傳古本《玄空秘旨》《紫白訣》
68	星卦奧義圖訣	【清】施安仁	三元玄空門內秘笈　清鈔孤本 過去均為必須守秘不能公開秘密 與今天流行飛星法不同
69	三元地學秘傳	【清】何文源	
70	三元玄空挨星四十八局圖說	心一堂編	
71	三元挨星秘訣仙傳	心一堂編	
72	三元地理正傳	心一堂編	
73	三元天心正運	心一堂編	
74	元空紫白陽宅秘旨	心一堂編	
75	玄空挨星秘圖　附 堪輿指迷	心一堂編	
76	姚氏地理辨正圖說　附 地理九星并挨星真訣全圖　秘傳河圖精義等數種合刊	【清】姚文田等	蓮池心法　玄空六法 門內秘鈔本首次公開
77	元空法鑑批點本——附 法鑑口授訣要、秘傳玄空三鑑奧義匯鈔　合刊	【清】曾懷玉等	
78	元空法鑑心法	【清】曾懷玉等	
79	曾懷玉增批蔣徒傳天玉經補註【新修訂版原（彩）色本】	【清】項木林、曾懷玉	
80	地理學新義	【民國】俞仁宇撰	揭開連城派風水之秘
81	地理辨正揭隱（足本）　附連城派秘鈔口訣	【民國】王邈達	
82	趙連城傳地理秘訣附雪庵和尚字字金	【明】趙連城	
83	趙連城秘傳楊公地理真訣	【明】趙連城	
84	地理法門全書	仗溪子、芝罘子	巒頭風水，內容簡核、深入淺出
85	地理方外別傳	【清】熙齋上人	巒頭形勢、「望氣」「鑑神」
86	地理輯要	【清】余鵬	集地理經典之精要
87	地理秘珍	【清】錫九氏	巒頭、三合天星，圖文並茂
88	《羅經舉要》附《附三合天機秘訣》	【清】賈長吉	清鈔孤本羅經、三合訣法圖解
89-90	嚴陵張九儀增釋地理琢玉斧巒	【清】張九儀	清初三合風水名家張九儀經典清刻原本！

91	地學形勢摘要	心一堂編	形家秘鈔珍本
92	《平洋地理入門》《巒頭圖解》合刊	【清】盧崇台	平洋水法、形家秘本
93	《鑒水極玄經》《秘授水法》合刊	【唐】司馬頭陀、【清】鮑湘襟	千古之秘，不可妄傳匪人
94	平洋地理闡秘	心一堂編	雲間三元平洋形法秘鈔珍本
95	地經圖說	【清】余九皋	形勢理氣、精繪圖文
96	司馬頭陀地鉗	【唐】司馬頭陀	流傳極稀《地鉗》
97	欽天監地理醒世切要辨論	【清】欽天監	公開清代皇室御用風水真本
三式類			
98-99	大六壬尋源二種	【清】張純照	六壬入門、占課指南
100	六壬教科六壬鑰	【民國】蔣問天	由淺入深，首尾悉備
101	壬課總訣	心一堂編	過去術家不外傳的珍稀六壬術秘鈔本
102	六壬秘斷	心一堂編	
103	大六壬類闡	心一堂編	
104	六壬秘笈——韋千里占卜講義	【民國】韋千里	六壬入門必備
105	壬學述古	【民國】曹仁麟	依法占之，「無不神驗」
106	奇門揭要	心一堂編	集「法奇門」、「術奇門」精要
107	奇門行軍要略	【清】劉文瀾	條理清晰、簡明易用
108	奇門大宗直旨	劉毗	天下孤本　首次公開 虛白盧藏本《秘藏遁甲天機》 奇門不傳之秘　應驗如神
109	奇門三奇干支神應	馮繼明	
110	奇門仙機	題【漢】張子房	
111	奇門心法秘纂	題【漢】韓信（淮陰侯）	
112	奇門廬中闡秘	題【三國】諸葛武侯註	
選擇類			
113-114	儀度六壬選日要訣	【清】張九儀	清初三合風水名家張九儀擇日秘傳
115	天元選擇辨正	【清】一園主人	釋蔣大鴻天元選擇法
其他類			
116	述卜筮星相學	【民國】袁樹珊	民初二大命理家南袁北韋
117-120	中國歷代卜人傳	【民國】袁樹珊	南袁之術數經典

占筮類			
121	卜易指南(二種)	【清】張孝宜	民國經典，補《增刪卜易》之不足
122	未來先知秘術——文王神課	【民國】張了凡	內容淺白、言簡意賅、條理分明
星命類			
123	人的運氣	汪季高(雙桐館主)	五六十年香港報章專欄結集！
124	命理尋源	【民國】徐樂吾	民國三大子平命理家徐樂吾必讀經典！
125	訂正滴天髓徵義		
126	滴天髓補註 附 子平一得		
127	窮通寶鑑評註 附 增補月談賦 四書子平		
128	古今名人命鑑		
129-130	紫微斗數捷覽(明刊孤本)[原(彩)色本] 附 點校本 (上)(下)	馮一、心一堂術數古籍整理編校小組整理	明刊孤本 首次公開！
131	命學金聲	【民國】黃雲樵	民國名人八字、六壬奇門推命
132	命數叢譚	【民國】張雲溪	子平斗數共通、百多民國名人命例
133	定命錄	【民國】張一蟠	民國名人八十三命例詳細生平
134	《子平命術要訣》《知命篇》合刊	【民國】鄒文耀、【民國】胡仲言撰	《子平命術要訣》科學命理；《知命篇》易理皇極、命理地理、奇門六壬互通
135	科學方式命理學	閻德潤博士	匯通八字、中醫、科學原理！
136	八字提要	韋千里	民國三大子平命理家韋千里必讀經典！
137	子平實驗錄	【民國】孟耐園	作者四十多年經驗 占卜奇靈 名震全國！
138	民國偉人星命錄	【民國】囂囂子	幾乎包括所民初總統及國務總理八字！
139	千里命鈔	韋千里	失傳民初三大命理家-韋千里 代表作
140	斗數命理新篇	張開卷	現代流行的「紫微斗數」內容及形式上深受本書影響
141	哲理電氣命數學——子平部	【民國】彭仕勛	命局按三等九級格局、不同術數互通借用
142	《人鑑——命理存驗·命理擷要》(原版足本)附《林庚白家傳》	【民國】林庚白	傳統子平學修正及革新、大量名人名例
143	《命學苑苑刊——新命》(第一集)附《名造評案》《名造類編》等	【民國】林庚白、張一蟠等撰	史上首個以「唯物史觀」來革新子平命學結集
相術類			
144	中西相人採原	【民國】袁樹珊	按人生百歲，所行部位，分類詳載
145	新相術	【美國】李拉克福原著、【民國】沈有乾編譯	通過觀察人的面相身形、色澤舉止等，得知性情、能力、習慣、優缺點等
146	骨相學	【民國】風萍生編著	結合醫學中生理及心理學，影響近代西、日、中相術深遠
147	人心觀破術 附運命與天稟	【日本】管原如庵、加藤孤雁原著，【民國】唐真如譯	觀破人心、運命與天稟的奧妙

148	《人相學之新研究》《看相偶述》合刊	盧毅安	集中外大成，無不奇驗；影響近代香港相術名著
149	冰鑑集	【民國】碧湖鷗客	各家相法精華、相術捷徑、圖文並茂附名人照片
150	《現代人相百面觀》《相人新法》合刊	【民國】吳道子輯	失傳民初相學經典二種 重現人間！
151	性相論	【民國】余晉龢	民初北平公安局專論相學與犯罪專著（犯罪學生物學派）
152	《相法講義》《相理秘旨》合刊	韋千里、孟瘦梅	命理學大家韋千里經典、傳統相術秘籍精華
153	《掌形哲學》附《世界名人掌形》《小傳》	【民國】余萍客	圖文并茂、附歐美名人掌形圖及生平簡介
154	觀察術	【民國】吳貴長	可補充傳統相術之不足
堪輿類			
155	羅經消納正宗	【明】沈昇撰、【明】史自成、丁孟章合纂	失傳四庫存目珍稀風水古籍
156	風水正原	【清】余天藻	●積德為求地之本，形家必讀！ ●純宗形家，與清代欽天監地理風水主張大致相同
157	安溪地話（風水正原二集）		
158	《蔣子挨星圖》附《玉鑰匙》	傳【清】蔣大鴻等	窺知無常派章仲山一脈真傳奧秘
159	樓宇寶鑑	吳師青	陽宅風水必讀、現代城市樓宇風水看法改革
160	《香港山脈形勢論》《如何應用日景羅經》合刊		香港風水山脈形勢專著
161	三元真諦稿本——讀地理辨正指南	【民國】王元極	被譽為蔣大鴻、章仲山後第一人 內容直接了當，盡揭三元玄空家之秘
162	三元陽宅萃篇		
163	王元極增批地理冰海 附批點原本地理冰海	【清】高守中 【民國】王元極	
164	地理辨正發微	【清】唐南雅	極之清楚明白，披肝露膽
165-167	增廣沈氏玄空學 附 仲山宅斷秘繪稿本三種、自得齋地理叢說稿鈔本（上）（中）（下）	【清】沈竹礽	玄空必讀經典！附《仲山宅斷》幾種鈔本及批點本，畫龍點晴、披肝露膽，道中刊印本未點破的秘訣
168-169	巒頭指迷（上）（下）	【清】尹貞夫原著、【民國】何廷珊增訂、批注	圖文并茂：龍、砂、穴、水、星辰九十九變 洩漏天機：蔣大鴻、賴布衣挨星秘訣及用法
170-171	三元地理真傳（兩種）（上）（下）	【清】趙文鳴	蔣大鴻嫡派真傳張仲馨一脈二十種家傳秘本、宅墓案例三十八圖，並附天星擇日
172	三元宅墓圖 附 家傳秘冊		
173	宅運撮要	【民國】尤惜陰（演本法師）、榮柏雲	撮三集《宅運新案》之精要
174	章仲山秘傳玄空斷驗筆記 附 章仲山斷宅圖註	【清】章仲山傳、【清】唐鷺亭纂	無常派玄空不外傳秘中秘！二宅實例有斷驗及改造內容
175	汪氏地理辨正發微 附 地理辨正真本	【清】蔣大鴻、姜垚原著、【清】汪云吾發微	蔣大鴻嫡派張仲馨一脈三元理、法、訣具體泄露 三百年來最佳《地理辦正》註解！石破天驚！
176	蔣大鴻家傳歸厚錄汪氏圖解	【清】蔣大鴻、【清】汪云吾圖解	
177	蔣大鴻嫡傳三元地理秘書十一種批注	【清】蔣大鴻原著、【清】汪云吾、【清】劉樂山註	

178	《星氣（卦）通義（蔣大鴻秘本四十八局圖并打劫法）》《天驚秘訣》合刊	題【清】蔣大鴻　著	江西興國真傳三元風水秘本
179	蔣大鴻嫡傳天心相宅秘訣全圖附陽宅指南等秘書五種	【清】蔣大鴻編訂、【清】汪云吾、劉樂山註	蔣大鴻徒張仲馨秘傳陽宅風水「教科書」！
180	家傳三元地理秘書十三種		真天宮之秘　千金不易之寶
181	章仲山門內秘傳《堪輿奇書》附《天心正運》	【清】章仲山傳、【清】華湛恩	直洩無常派章仲山玄空風水不傳之秘
182	《挨星金口訣》、《王元極增批補圖七十二葬法訂本》合刊	[民國]王元極	秘中秘——玄空挨星真訣公開！字字千金！
183-184	《家傳三元古今名墓圖集附謝氏水鉗》《蔣氏三元名墓圖集》合刊（上）（下）	（清）孫景堂，劉樂山，張稼夫	蔣大鴻嫡傳風水宅案、幕講師、蔣大鴻、姜垚等名家多個實例，破禁公開！
185-186	《山洋指迷》足本兩種　附《尋龍歌》（上）（下）	【明】周景一	風水巒頭形家必讀《山洋指迷》足本！
187-196	蔣大鴻嫡傳水龍經注解　附　虛白廬藏珍本水龍經四種（1-10）	【清】蔣大鴻編訂、【清】楊臥雲、汪云吾、劉樂山註	蔣大鴻嫡傳一脈授徒秘笈　希世之寶 千年以來，師師相授之秘旨，破禁公開！ 完整了解蔣氏嫡派真傳一脈三元理、法、訣！ 附已知最古《水龍經》鈔本等五種稀見《水龍經》
197	批注地理辨正直解	【清】章仲山	無常派玄空必讀經典未刪改本！
198	《天元五歌闡義》附《元空秘旨》（清刻原本）		
199	心眼指要（清刻原本）		
200	華氏天心正運	【清】華湛恩	
201-202	批注地理辨正再辨直解合編（上）（下）	【清】蔣大鴻原著、【清】姚銘三再註、【清】章仲山直解	失傳姚銘三玄空經典重現人間！名家：沈竹礽、王元極推薦！
203	章仲山注《玄機賦》《元空秘旨》附《口訣中秘訣》《因象求義》等九種合刊	【清】章仲山	近三百年來首次公開！章仲山無常派玄空秘密，和盤托出！ 章仲山注《玄機賦》及章仲山原傳之口訣及筆記
204	章仲山門內真傳《三元九運挨星篇》《運用篇》《挨星定局篇》《口訣篇》等合刊	【清】章仲山、柯遠峰等	
205	章仲山門內真傳《大玄空秘圖訣》《天驚訣》《飛星要訣》《九星斷略》《得益錄》等合刊	【清】章仲山、冬園子等	
206	撼龍經真義	吳師青註	近代香港名家吳師青必讀經典
207	章仲山嫡傳《翻卦挨星圖》《秘鈔元空秘旨》　附《秘鈔天元五歌闡義》	【清】章仲山傳、【清】王介如輯撰	透露章仲山家傳玄空嫡傳學習次弟及關鍵不傳之秘
208	章仲山嫡傳秘鈔《秘圖》《節錄心眼指要》合刊		
209	《談氏三元地理大玄空實驗》附《談養吾秘稿奇門占驗》	【民國】談養吾撰	史上首次公開「無常派」下卦起星等挨星秘密之書
210	《談氏三元地理濟世淺言》附《打開一條生路》		了解談氏入世的易學卦德爻象思想
211-215	《地理辨正集註》附《六法金鎖秘》《巒頭指迷真詮》《作法雜綴》等（1-5）	【清】尋緣居士	集《地理辨正》一百零八家註解大成精華 匯巒頭及蔣氏、六法、無常、湘楚等秘本 史上最大篇幅的《地理辨正》註解
216	三元大玄空地理二宅實驗（足本修正版）	【民國】尤惜陰（演本法師）、榮柏雲撰	三元玄空無常派必讀經典足本修正版

217	蔣徒呂相烈傳《幕講度針》附《元空秘斷》《陰陽法竅》《挨星作用》	【清】呂相烈	蔣大鴻門人呂相烈三元秘本 三百年來首次破禁公開！
218	挨星撮要（蔣徒呂相烈傳）		
219-221	《沈氏玄空挨星圖》《沈註章仲山宅斷未定稿》《沈氏玄空學（四卷原本）》合刊（上中下）	【清】沈竹礽 等	揭開沈氏玄空挨星五行吉凶斷的變化及不同用法 章仲山宅斷未刪本、沈氏玄空學原本佚文、玄空挨星圖稿鈔本 大公開！
222	地理穿透真傳（虛白廬藏清初刻原本）	【清】張九儀	三合天星家宗師張九儀畢生地學精華結集
223-224	地理元合會通二種（上）（下）	【清】姚炳奎	分發兩家（三元、三合）之秘，會通其用 詳解注羅盤（蔣盤、賴盤）；義理、斷驗俱精
其他類			
225	天運占星學 附 商業周期、股市粹言	吳師青	天星預測股市，神準經典
226	易元會運	馬翰如	《皇極經世》配卦以推演世運與國運
三式類			
227	大六壬指南（清初木刻五卷足本）		六壬學占驗課案必讀經典海內善本
228-229	甲遁真授秘集（批注本）（上）（下）	【清】薛鳳祚	明清皇家欽天監秘傳奇門遁甲 奇門、易經、皇極經世結合經典
230	奇門詮正	【民國】曹仁麟	簡易、明白、實用，無師自通！
231	大六壬探源	【民國】袁樹珊	民初三大命理家袁樹研究六壬四十餘年代表作
232	遁甲釋要	【民國】徐昂	推衍遁甲、易學、洛書九宮大義！
233	《六壬卦課》《河洛數釋》《演玄》合刊		疏理六壬、河洛數、太玄隱義！
234	六壬指南（【民國】黃企喬）	【民國】黃企喬	失傳經典 大量實例
選擇類			
235	王元極校補天元選擇辨正	原【清】謝少暉輯、【民國】王元極校補	三元地理天星選日必讀
236	王元極選擇辨真全書 附 秘鈔風水選擇訣	【民國】王元極	王元極天昌館選擇之要旨
237	蔣大鴻嫡傳天星選擇秘書注解三種	【清】蔣大鴻編訂、【清】楊臥雲、汪云吾、劉樂山註	蔣大鴻陰陽二宅天星擇日日課案例！
238	增補選吉探源	【民國】袁樹珊	按表檢查，按圖索驥：簡易、實用！
239	《八風考略》《九宮撰略》《九宮考辨》合刊	沈瓞民	會通沈氏玄空飛星立極、配卦深義
其他類			
240	《中國原子哲學》附《易世》《易命》	馬翰如	國運、世運的推演及預言